여행의 밀도

제임스 리 지음

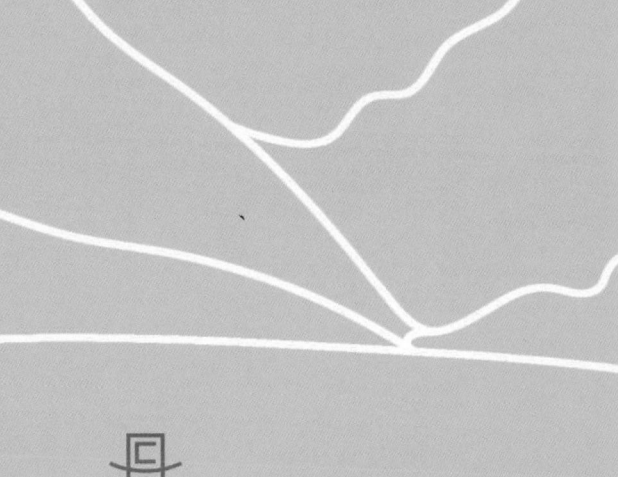

여행의 밀도

첫판 1쇄 펴낸 날 2025년 1월 10일

저　　자 · 제임스 리
펴 낸 이 · 유정숙
펴 낸 곳 · 도서출판 등
기　　획 · 유인숙
관　　리 · 류권호
편　　집 · 김은미, 김현숙

ⓒ 제임스 리 2025

주　소 · 서울시 노원구 덕릉로 127길 10-18
전　화 · 02.3391.7733
홈페이지 · dngbooks.co.kr
이메일 · socs25@naver.com

정 가 · 18,000원

• 이 책은 저작권법에 따라 보호받는 저작물이므로 무단 전재와 무단 복제를 금합니다.
• 이 책의 전부 또는 일부를 이용하려면 저자와 도서출판 (등)에 동의를 받아야 합니다.

머리말

당신을 파괴할 권리를 여행에 주지 않는다면
여행은 당신에게 아무것도 가르쳐 주지 않을 것이다.
그것은 이 세상만큼이나 오래된 꿈이다.
여행은 마치 난파와도 같으며,
타고 가던 배가 단 한 번도 침몰하지 않은 사람은
바다에서 다시는 돌아오지 못할 것이다.
- 니콜라 부비에, [세상의 용도] 중에서

지난 30여년간 여행 거리를 총 합산해보니 약 지구 23바퀴에 달했다. 물론 100여개국의 방문 국가 숫자가 중요한 것은 아니지만 정말 발이 부르트도록 줄기차게 지도 위를 날아다녔고 앞으로도 두 다리 멀쩡할 때까지 다닐 계획이다.

잠깐 스쳐간 나라의 속살과 민낯을 그 짧은 여행기간 중에 다 알 수 있다는 것은 당연히 무리이다. 내 인생에서 국적은 별로 의미가 없다. 지금까지 여행하며 국경을 초월해 살아와서 그런지 지구촌이 통째로 내 거주 활동영역이고 세계가 내 국적 바로 그 자체이다.

넓은 세상을 보면 인생도 달라진다.

떠났을 때 비로소 보이기 시작한다는 의미이다. 여행을 통해 서로 판이하게 다른, 마치 다른 행성에서 온 것 같은 각 나라 사람들의 다양성을 포용하게 되었다. 지구 반대쪽 사람들의 문화, 생활방식 등을 이해하고 서로 소통하기 위해서는 앞서서 공부하는 것이 아니라 직접 그 나라로 가서 사전에 공부한 내용을 확인하는 작업을 통해 가치공유와 소통이 가능했다. 여행을 통해 남는 것이 있다면 그 지난한 여행을 통해 층층이 쌓여있던 생각의 지층을 다 털어내고 정리하면서 남은 인생에 대한 방향을 제대로 설정할 수 있었다는 점이다.

여행은 돈과 환희를 서로 바꾸는 과정이다.

물질적인 것보다는 돈으로 여행 경험을 사면서 행복감에 빠진다. 신이 주신 자연에 대한 외경심, 하루하루 무사하게 살아낼 수 있었던 것에 대한 감사 그리고 침잠해 있던 마음에 힐링이라는 선물을 선사할 수 있게 된 것은 여행이 주는 행운이다.

유쾌한 열정과 낭만.

이는 나를 특징지어주는 단어이다. 여행이 다른 사람들에게는 취미일 수도 있지만 적어도 나에게는 미지의 세계에 대한 동경으로 가슴이 두근두근 뛰는 삶의 과제, 더 나아가 인생의 목적이 되었기에 감히 운명이라 말하고 싶다. 그 기억의 축이 생생한 목소리로 계속해서 다음 여행을 유혹해왔고 나는 그저 그것을 조금씩 실행하면서 지구의 숨결을 직접 실감해왔다.

나는 여행이다.
세상 일이 뜻대로 되지 않듯이 지금까지 나름 '완벽한 여행' 이라고 자부하면서 몸으로 부딪치며 여행을 해왔지만 원했던 만큼의 여행 계획을 달성하려면 아직도 갈 길이 먼 것 같다. 선조들이 '아틀란티스Atlantis'를 찾아 헤맨 것처럼 여행에 있어서 그 동안 수많은 시행착오의 연속이었으니 말이다.

인생은 '설레는 하나의 여행' 이다.
말로 설명할 수 없는, 억제하기 힘든 호기심의 발로가 원초적인 동기이다. 그렇다면 그 인생의 종착역은 어디일까, 하는 의문은 더 많은 여행을 낳는다. 여행은 내게 목적지 없이도 두려움 없이 길 위에 우뚝 서 있을 수 있는 법을 가르쳐주었다. 미지의 세계에 대한 두려움과 환상이 서로 미묘하게 교차하는 여행이라는 신세계는 마치 어느 누구도 본인을 대신해서 걸을 수 없는 그러한 인생의 항로와도 흡사하다.

여행은 생각만 해도 저절로 환한 미소를 띠게 만든다.
여행을 통해 삶에 대한 깨달음을 얻을 수 있기에 모두들 마음속 깊은 곳으로부터 다음 여행에 대한 환상이 스멀스멀 되살아나고 있는 것은 아닐까.

여행은 우리 본래의 모습을 찾아준다.
설렘과 두려움을 마음에 동시에 담고 떠난 나 자신으로부터의 자유여행은 그동안 미처 발견하지 못했던 마음속 깊은 곳에 숨겨져 있는 낯선 나, 즉 '나의 내면의 소리'를 찾는 과정의 연속이었다. 내 자신을 더 잘 알기 위해 떠나는 나의 여행 목적은 우선적으로 낯선 나라와 사람들을 만나 눈에 보이는 모든 것들을 짝사랑하는 것이다. 이런 방식으로 내가 원했던 삶을 여행을 통해 재발견하게 되고 더 나아가 내 삶의 우선순위를 다시 정하게 되었다.

여행이란 생각의 이동이다.
바깥세상을 알아가는 과정을 통해 느끼는 마음속의 울림은 두 눈으로 직접 확인해야만 가능하다. 세계적 작가인 무라카미 하루키의 표현대로 '자기 눈으로 직접 그곳을 보고, 자기 코와 입으로 그곳의 공기를 들이마시고, 자기 발로 그 땅 위에 서서, 자기 손으로 그곳에 있는 물체를 만지고 싶어서 왔던 것' 처럼 말이다.

 누군가 문득 "어디론가 떠나고 싶은 충동이 마음속에서 용솟음치고 있다"라고 말한다면 "어디론가 바로 떠나라. 그곳에 새로운 사람이 있고 은밀한 즐거움이 있다"라고 말하고 싶다.

 내 개인의 인생이야기를 '여행' 이라는 그릇에 오롯이 담았다. 그 동안 100개국 이상을 여행하면서 내면에 숨겨진 내 자신을 찾기 위해 무수히 경험했던 크고 작은 감정의 변화와 여러 생각들 그리고 간단한 여행노트를 엮어 이 책을 탄생시켰다.

 여행의 속살을 좇는 이 책을 읽으면서 희망의 바다 속으로 풍덩 빠져보길 바란다.

2025년 1월 *제임스 리*

목차

머리말

01 꾸준히 나에게 질문하는 연습을 하라___11

02 자아의 내면에 집중하라___26

03 언제 여행이 필요해지는가___40

04 여행이 가장 가치 있는 선물이 되려면___50

05 여행과 결혼한다고?___64

06 인생의 닻을 풀고 출항하라___76

07 후회 없는 여행을 하려면___94

08 여행의 목표는 어떻게 설정할까___118

09 여행을 통해서 과연 무엇을 어떻게 바꿀 건가___134

10 여행에도 고수들만이 갖는 숨은 기술이 있다___150

11 당신의 여행 스타일은___160

12 슬로우 트래블은 무엇을 지향하나___178

13 틈틈이 여행을 기록하라___196

14 마지막 목표인 행복한 여행을 완성하려면___218

여행 1

꾸준히 나에게 질문하는 연습을 하라

결정이 망설여질 때

 인생을 살면서 기쁜 일보다는 나쁜 일, 슬픈 일이 더 많이 주위에서 일어나고 있다는 사실을 종종 느끼곤 한다.
 모두들 행복이라는 일곱 가지 색깔의 무지개를 좇아 너도 나도 열심히들 살고 있지만 시시각각으로 갈대같이 무한히 흔들리는 마음 때문에 어느 순간에는 도대체 무엇이 행복인지조차도 모를 정도로 삶의 무게에 휘청거리곤 한다.
 그 동안 삶의 길목에서 내렸던 수많은 내 결정들이 평소 원했던 만족감을 주지 못했던 이유는 무엇일까?

혹시라도 소소한 일상에서 겪는 수많은 경험들에 오롯이 몰입하면 행복에 한 걸음 더 다가갈 수 있을까?

더 나아가 그것을 여유롭게 음미하면서 살 수는 있는 것일까?

평소에도 셀 수 없을 정도로 이러한 질문들이 가슴속을 파고드는 경험이 있을 것이다.

내 경우는 삶의 현장에서 마음이 흔들릴 때마다 이러한 경험들을 도전적으로 음미하며 멋진 추억으로 남길 수 있는 돌파구를 이리저리 궁리해오다가 드디어 즐거움과 설렘을 가슴에 듬뿍 안고 밖으로 나가는 '여행' 이라는 도구를 발견하게 되었다.

그 마음의 몸짓의 결과로 마치 사막 속에서 오아시스를 발견하기라도 한 것처럼 말이다.

물론 그 여행을 하기 위해서는 막연한 생각이 아니라 구체적으로 무엇을 준비해야 하는지 생각 또한 꼬리를 물고 늘어지며 주마등처럼 뇌리를 스쳐 지나갔다.

유쾌한 열정과 낭만. 이는 나를 특징지어주는 단어이다.

여행이 다른 사람들에게는 취미일 수 있으나 적어도 나에게는 미지의 세계에 대한 동경으로 가슴 뛰는 삶의 과제, 더 나아가 인생의 목적이기에 감히 운명이라 말하고 싶다.

그 기억의 축이 생생한 목소리로 계속해서 다음 여행을 유혹해왔고 나는 그저 그것을 조금씩 실행하면서 지구의 거친 숨결을 직접 실감해왔다.

가본 적 없던 뒷골목을 걷고, 낯선 이들과 어깨를 부딪치고, 생소한 방에서 자고 깨며, 다른 식탁에서 먹고 마시는 여행은 단순히 일탈일까, 사치일까, 아니면 중독일까?

우선 여행을 하려면 돈이 있어야 하고, 그것을 즐길 시간과 체력이 뒷받침되어야 한다.

제한된 시간을 최대한 효율적으로 활용하여 만족스러운 여행을 음미해야 한다는 대목에 이르러서는 머뭇거리게 된다.

비싼 비용을 들여 멀리까지 여행을 갔는데 혹시라도 그 손해나 후유증을 감당하기 힘든 상황이 오면 어떻게 하지, 라며 여행에 대한 최종 결정을 망설이게 된다.

과연 내가 원했던 여행을 만족스럽게 무사히 잘 다녀올 수 있을까?

바로 이것이 여행을 떠나기 전 모든 사람들의 공통된 생각이다.

우선 생각해야 할 것은 위에 열거한 돈, 시간, 체력 등이 여행을 결정짓는 요소이기는 하지만 더 중요한 것을 손으로 꼽자면 나는 과감히 '용기'라는 동기를 예로 들 수 있다.

다들 어렵게 힘든 결정을 했지만 마지막 단계에서 망설여질 때는 용기가 뒷받침되지 않으면 여행의 첫 걸음조차 뗄 수 없다.

인생의 고비에서 결정할 수 있는 용기는
내부로부터 발산되는
삶에 대한 강력한 의지가 있어야만 가능하다.
바로 지금 새로운 길을 떠나
변화를 시도할 용기를 내지 못한다면
먼 훗날 두고두고 후회하게 될 것이다.

최선의 선택인가

  삶을 영위하다 보면 자기 앞에 펼쳐진 넓은, 그러나 낯선 선택의 바다와 조우하곤 한다.
  이 경우 정말 나는 올바른 선택을 했는가에 대한 반문이 마음속에서 끊임없이 제기된다.
  여행을 결정하는 데 있어서도 마찬가지이다.
  먼저 무엇이 마음을 두근거리게 만드는가?
  떨리는 심장 소리를 듣고 있는가?
  여행을 떠나기 전 여행가이드나 여행에세이 등을 읽거나

TV의 여행 프로그램을 보거나 인터넷에서 여행 이미지 등을 접하면 비행기 표를 검색하면서 하루 일과를 시작하는 등 여행에 대한 환상에 빠져 기대와 설렘으로 가슴이 쿵쾅거리며 심장 박동이 빨라지는 것이 느껴진다.

 가보지 않아도 누구든지 책이나 인터넷 등의 매체를 통해 낯선 공간을 탐험하면서 상상 속으로나마 그곳에 있는 듯한 소중한 간접 경험을 하게 된다.

 이러한 간접 경험을 넘어 새로운 길을 찾아 나서는 여행을 가기로 결정했다면 과연 나는 어떤 여행을 꿈꾸는가를 마음 속으로 정해야 한다. 이렇게 해야만 향후 여행 할 때 발생되는 시행착오를 대비할 수 있다.

 내면의 소리와 외부의 현실적인 조건이 서로 파열음을 내면서 요란하게 충돌하면 의사결정을 내리기 더 힘들어진다.

 마음이 중심을 잡지 못하고 갈대처럼 흔들리면 나중에는 내가 정말로 무엇을 원하는지 도통 알 수 없게 된다.

 여행 계획을 세우고 최종 결정한 뒤에도 '과연 이 결정이 최선이었을까' 라는 의구심머릿속에서 떠나지 않는다면 다시 처음으로 돌아가서 여행을 왜 하는가라는 원초적인 질문에 부합하는 대답을 기본적으로 충족시켜보자. 그 부정적인 생각은 자연스럽게 점차 사라질 것이다.

한 가지 팁은 선택의 폭이 다양해져 버리면 결정을 내리기가 쉽지 않기에 단순화켜야 한다.

물론 혼자 여행할 경우에는 선택권이 적어 한정된 시간, 비용으로 극대화를 꾀하여야만 하기에 더 많은 시행착오를 겪을 있다는 점을 기억해야 한다.

그리스의 산토리니와 같은 풍광을 자랑하는 튀니지의 시디 부사이드의 산비탈에 자리한, 눈이 부시도록 흰 빛을 띠는 어느 레스토랑에 있다고 가정해 보자.

코발트빛 지중해를 바라보며 갓 잡아온 해산물에 현지 특유의 올리브 향이 그윽한 샐러드를 음미하고 이어서 마신 커피는 일상에서 급히 시간에 쫓기며 마시던 커피와는 다르게 오랜만에 진정 커피다운 커피를 마신 느낌을 갖게 된다.

여행 후에도 어느 순간 뇌리에 불현듯 떠오르면서 진한 향수처럼 여운을 남기는 이유는 선택의 폭을 좁혔기 때문이다.

선택의 몫은 본인에게 돌아간다.
이것이 최선의 선택이다, 라고 결정했다면
더 이상 뒤돌아보지 말자.
인간은 자기 합리화 능력이 뛰어나기에 자기가 결정한
그 선택이 결코 잘못되었다고 생각하지 않는 경향이 있다.
더군다나 아직 가보지 못한 곳을 미리 예측하고
나름 '완벽한 여행' 준비를 해서 여행을 왔으니까 말이다.

왜 이 여행을 하고 싶은가?
왜 반드시 그곳이어야 할까?

여행은 시작부터 모든 순간이 선택의 연속이다.
여기에 초점을 맞춰 자기 자신의 내면의 목소리 즉, 본능에 가만히 몸을 기대면 실타래가 술술 풀리듯 그 해답 또한 쉽게 얻게 된다.
스스로 자신의 내면을 찬찬히 들여다보면 이따금 낯선 자신을 발견하게 되고 더 나아가서 앞으로 어떤 형태의 삶을 영위해야 할지 갑자기 많은 생각을 하게 된다.

  우리가 여행하는 이유는 익숙한 자아를 버리고 새로운 자아로 다시 태어나기를 갈망하기 때문이다.
  일단 일상에서 벗어나 새로운 세계로 진입하면 내가 무엇을 원하는지를 깨닫게 된다.
  그러나 무엇보다도 가장 중요한 것은 지금까지 걸어온 길과는 전혀 다른 길을 선택하는 도전과 용기는 스스로에 대한 굳은 믿음에서 나온다는 점이다.
  어떤 선택을 했든 바깥세상으로 발을 내딛고 눈으로 직접 확인한 현지인들의 다양한 삶 역시 그동안 자기 자신이 살아왔던 삶의 여러 모습 중 하나이다.

여행 2

자아의 내면에 집중하라

일상의 걸림돌제거

 삶에 켜켜이 쌓여있는 찌든 먼지를 털어내야 진정한 삶의 모습이 보이듯, 그동안 어떠한 것들이 본인의 삶을 영위하는 데 있어서 가로막는 걸림돌이 되어 왔을까, 한번쯤 생각해 본 적이 있을 것이다.
 '정말 원하는 것이 무엇일까?'
 자기 자신에게 원초적인 질문을 반복해서 던지다 보면 마음속 깊은 곳에 삶에 대한 권태, 수동적 태도 등의 부정적 시각과 맞닥뜨리게 된다.

이 경우 해묵은 정신적 짐을 과감히 정리할 필요가 있다.
슬픔, 기쁨, 분노 등 감정의 늪에서 과감히 벗어나 자유롭게 내 자신을 놔줄 수 있는 기회를 만난다면 그동안 굳어져있는 삶의 태도를 확 바꿀 수 있을까?

시속 800킬로미터로 날으는 비행기를 타고 유럽을 가더라도 약 12시간 정도 걸리고 남미까지는 대기시간을 포함하면 거의 이틀이 걸린다.
그 먼 곳까지 목숨을 담보로 거친 풍랑과 싸우며 항해를 하면서 지금의 세계지도를 만든 선조들을 떠올려본다.
그들이 두려움과 설렘을 동시에 가슴에 안고 내딛었던 미지의 세계로의 여행은 하나의 새로운 출발을 뜻한다.
비록 형태는 다르다할지라도 여행은 내면 깊숙이 감추어져 있어 평소 그 진면목을 알 수 없었던 진정한 나 자신을 발견하는 과정으로 이해하면 된다.
내 자신과 좀더 친밀해지고 그동안 살면서 여기저기 생긴 생채기를 치유하는 데 있어 이 세상에 여행만한 것이 없다.

여행을 통해 전체적인 삶에 대한 큰 그림을 그릴 수 있고 결과적으로 그것을 판단하는 능력에 있어서 현실감이 생기며 또한 그 균형을 유지할 수 있다.

결과적으로 삶의 의미와 태도 등 본인이 지향하는 삶의 방향이 밝은 햇빛이 비치는 동굴 밖으로 나서듯 뚜렷하게 보이기 시작한다.

여행 중 내면의 목소리에 귀를 기울이려면
평소 쉴 새 없이 울려대는 스마트 폰을 잠시 치워두고
아날로그 감성에 기댄 채 미뤄 두었던 책도 마음껏 읽고,
평소 좋아하는 음악도 들으면서 자기 자신을 재충전해보자.

내면의 목소리

내면의 목소리에 귀를 기울이다보면 현재를 즐기자는 의미의 'YOLO(You Only Live Once)'에 도달하게 된다.

여행, 더 나아가 인생 역시 우리가 관성적으로 익숙하게 살아온 울타리를 벗어나면서 시작된다.

사람들은 일상에서 각자에게 주어진 환경에 맞춰 살면서 대체로 그 경계를 뛰어넘으려고 하지 않는다.

그 이유는 그것을 벗어나는 자체가 생소해서 그 자체가 버겁고 또한 그것을 뛰어넘어버림으로써 닥쳐오는 예측 불가능

의 세계를 경험하고 싶지 않은 인간의 속성 때문이다.

그러나 어차피 인생은 단 한번 뿐이니 그 경계를 서서히 확장하면서 이것저것 자기가 가장 좋아하는 것들을 해보자.

여행은 평소 겪어보지 않은 신세계, 즉 상상이 현실로 펼쳐지는 마법의 세계를 사람들에게 아낌없이 보여준다.

그래서 이미 굳은살이 나이테처럼 단단하게 박혀버린 자기 자신의 삶에 신선한 자극을 추구하고자 하는 사람들은 지층처럼 켜켜이 쌓여있는 삶의 권태를 훌훌 털어버리고 여행을 떠나게 된다.

몸속에서 나 정말 힘들다, 는 아우성이 목구멍까지 꽉 차오를 즈음 여행을 통해 그동안 열심히 살아온 자신에게 보상을 해주자.

그렇게 함으로써 내면 깊숙이 침잠해있던 마음의 소리를 통해 자신의 본 모습을 다시 되찾을 수 있는 치유의 기회를 만들어보자.

대부분 사람들은 몸속에 깃들인, 무어라 형용할 수 없는 그 미묘한 느낌을 견디며 여행을 떠난다.

평소처럼 오늘 반드시 해야 할 일정이 없기에 정적에 싸인 구불구불한 오솔길을 조용히 산책하면서 웅장하고도 숭고한 대자연을 음미할 수 있고, 아늑하고 목가적인 낭만 분위기를 풍기는 어느 조그만 시골 마을에서 난생 처음 양떼들과 함께 어울릴 수 있고 조곤조곤 이야기를 하는 듯한 도시의 골목을 헤집고 다니며 고풍스러운 건물이 풍기는 역사의 향기를 음미할 수 있고, 미술관. 박물관, 오페라하우스 티켓 등을 구입해서 잠시 등한시했던 예술의 세계에 푹 빠질 수 있고, 길바닥에 아무렇게나 철퍼덕 주저앉아 코를 자극하는 커피 향을 맡으며 커피를 마실 수 있고, 아니면 이것저것 외출하는 것조차 다 귀찮아지면 호텔방에서 편안한 복장으로 평소 좋아하는 음악을 들으며 하루 종일 소설책과 씨름할 수도 있다.

힘들게 얻은 여행이라는 휴식 시간을 최대한 효율적으로 활용하면 자기도 모르게 뿌듯한 감정이 마음속으로부터 용솟음치면서 일종의 자긍심마저 든다.

여행을 통해 소중하게 간직하게 된 추억, 자연에 대한 경외감, 카타르시스 등등 삶을 살아오면서 언제 자기 자신을 이렇게 멋지게 대접한 적이 있었던가?

사람들은 평소 치열한 삶을 통해 축적된 재산을 보다 큰 행복을 위해서 쓰는 데 익숙하지 않다.

어느 곳에 어떻게 써야 하는지 잘 모르기 때문이다.

그래서 여행이라는 특권을 삶의 우선순위에 둔다는 것은 한편으로는 애써서 번 돈을 평소 사고 싶었던 물건보다 더 많은 만족과 힐링의 기회를 주는 무형적인 일에 투자하는 것이다.

이렇게 여행을 통해 소중한 삶의 전환점을 마련해보자.

그렇다면 단 한번 뿐인 인생에서 속는 셈치고 이번 기회를 놓치지 말고 '나를 새롭게 발견하는 발판이 될 수 있는 여행'에 한번 과감하게 투자해보는 것은 어떨까?

여행 자체는 마약과 같아 빠지면
빠질수록 벗어날 수 없을 정도의 달콤한
환각작용을 하기에 일생에 드물게 오는
기회라는 엄청난 기대와 압박감 때문에
여행에 대한 절제된 감각과 그 순수함을 잃지는 말자.

여행 3

언제 여행이 필요해지는가

간접경험, 직접경험

여행이란 '생각의 이동'이기에 바깥세상을 알아가는 과정을 통해 느끼는 마음속의 커다란 울림은 두 눈으로 직접 확인해야만 가능하다는 의미이다.

'옴파로스 증후군(Omphalos Syndrome)'이라는 단어가 있다.

'옴파로스'는 라틴어로 '배꼽'이라는 뜻으로, 이 증후군은 자신이 사는 곳이 세계의 중심이라고 여기고 세상의 모든 현상을 자신이 속해있는 세계를 중심으로 판단하기에 남을 제대로 바라볼 수 없는 현상을 말한다.

어쩌면 현지를 여행하면서 직접 목격한 모습들이 여행을 떠나기 전에 가졌던 생각과 너무나 큰 괴리가 있어서 지금까지 가졌던 여행에 대한 환상이 무참히 깨질 수도 있다.

그럼에도 불구하고 한 차원 높여 일상에서만 보아왔던 자기 모습을 여행을 통해 찾아내어 보다 더 넓은 시야를 가지고 이 세상을 다시 바라본다면 마치 새롭게 태어나는 엄청나고도 경이로운 경험을 갖게 된다.

물론 잘 쓰인 여행기나 언론매체, SNS 등을 통해 여행지를 이해할 수는 있지만 몸과 마음으로 직접 느낄 수는 없다.

인생에 있어서 가장 좋은 공부는 직접 체험하는 것이다.

그렇게 함으로써 모두들 여행이 삶을 변화시킨다는 점에는 동의할 것이기에 따라서 이 세상 그 어느 것과도 바꿀 수 없다는 지론이다.

일상으로부터의 일탈과 도전

 본인이 삶이나 일에 지치면 자신에게 휴식을 선물해야겠다는 마음이 생기는 것은 인지상정이다.
 보통 여유 시간과 여행 경비가 모이면 여행을 떠나야겠다고 생각한다. 이때 여행 계획을 세우는 것은 본인이 지금 이 상황에서 벗어나고픈 욕구를 대변한다.
 다람쥐 쳇바퀴 도는 듯한 일상으로부터 만신창이가 된 자기 자신을 위해 일탈을 꿈꾸며 여행 계획을 세우는 것만큼 평소에 쌓인 스트레스나 우울한 감정을 훌훌 털어버릴 수 있는

대안이 이 세상에 그리 많지 않다.

일상에 찌들어 퇴색된 잠재의식을 깊은 곳으로부터 오롯이 끄집어내다 보면 자기도 모르게 어느 순간 소용돌이치는 감정이 폭발할 것이다.

삶의 마디마디에서 한 걸음 물러서서 차분히 휴식을 취하고, 그것을 즐기고, 몰입할 수 있는 마음의 여유가 절실히 필요할 때가 바로 여행을 떠날 때이다.

여행을 통해 조용히 쉬면서 일상에서 느끼지 못했던 기쁨과 환희의 순간을 마음껏 누리는 것이다.

이것은 그동안 열심히 일한 내 자신에게 주는 단순한 보상을 뛰어넘고도 남는다.

이런 점들을 알면서도 최종적으로 여행을 떠나기까지 결정하는 일은 그리 쉬운 일이 아니라는 점은 위에서 이미 설명한 바 있다.

자기 자신을 진지하게 한번 돌아보자.

가까운 곳으로 1박 2일 여행을 가려고 해도 얼마나 많은 망설임을 거쳐야했는가?

이때마다 게으름과 우유부단함이 평소 자기 자신을 지배하고 있다는 사실을 다시금 깨닫게 된다.

그렇다면 사람들이 여행을 통해 진짜 음미하고 싶은 것은 과연 무엇일까?

먼저 고즈넉하면서도 환상을 불러일으키는 자연 풍경, 활발한 도시 모습, 박물관이나 미술관, 이질적인 현지 문화, 현지 언어 등등을 떠올릴 수 있다.

무엇을 할까라는 선택의 기로에서 마음 가는 대로 선택하면 힐링의 순간을 만끽할 수 있다.

혹시라도 현지인들과 소통이 되지 않는 경우에는 어떡하나 하는 걱정이 앞서는가?

내 경우에 있어서는 아프리카, 남미, 중동 등의 오지를 여행하면서 현지인들과 소통이 되지 않을 때에는 말이 아닌 눈빛으로, 더 나아가 마음으로 대화하는 법을 배운 것은 또 하나의 도전의 결과물이다.

이렇게 절절히 깨달을 수 있는 여행에 대한 즐거움의 총합은 극대화된다.

남의 도움없이 스스로의 힘으로
자신의 진정한 자아를 찾는 작업을 하면 어떨까?

여행 4

여행이 가장 가치있는
선물이 되려면

여행의 유혹

여행하면 우선 낭만, 추억, 즐거움, 사랑, 열린 마음, 여행 사진, 여행담 등의 관련어가 줄지어 떠오른다.

사람들은 특히 멋진 순간을 특별히 추억으로 간직하고 싶어 한다. 그래서 본능적으로 바로 여행을 선택하곤 한다.

본인의 발전과 성장을 이루고자 할 때 여행이야말로 가장 적절한 선택 중의 하나이다.

여행자들을 대상으로 한 연구 결과에 따르면 여행 준비 과정도 실제 여행만큼이나 즐거운 경우가 많았다고 한다.

평소 손꼽아 기다리던 콘서트나 특별한 사람과의 식사를 기다릴 때처럼 말이다.

그 이유는 온통 여행에서 느낄 행복한 정서적 경험만이 떠오르기 때문이다.

그만큼 여행이 주는 저항할 수 없는 유혹은 화려한 무지개 색깔로 대변될 만큼 솜사탕처럼 달콤하다.

여행은 마치 선물 포장을 뜯기 전에 느끼는 궁금증과 기대감으로 가슴 뛰게 하는 마력이 있다.

어린 아이가 갖는 천진난민한 설렘을 갖고 맞이하는 여행은 그야말로 장밋빛 일색이다.

나에게 장밋빛으로 물든 낭만적 여행 하나를 손꼽으라면 단연 모나코여행이다.

전 세계적으로 카지노하면 생각나는 대표적인 나라가 바로 모나코다.

2014년 9월, 남프랑스 여행을 마치고 내친 김에 열차를 타고 모나코에 도착했다.

도착하자마자 일단 '몬테카를로 지구' 부터 시작해서 '모나코 빌 지구'를 거쳐 '퐁비에이유 지구'를 찬찬히 걸었다.

이곳은 지형 자체가 약간 가파르고 언덕이 많아서 길가에는 편의를 위해 야외 에스컬레이터와 공공 엘리베이터가 여러 군데 설치되어 있었다.

마침 30도를 웃도는 무더위가 엄습하여 땀을 뻘뻘 흘리며 항구를 따라 '몬테카를로 언덕'으로 힘겹게 걸어 올라갔다.

지형 때문인지 도로 대부분이 S자 형태로 구불구불했고 길을 따라 조성된 열대 야자수 나무들이 내 눈길을 사로잡았다.

언덕에 오르니 파노라마처럼 눈앞에 펼쳐지는 장엄한 향연에 입이 쩍 벌어졌다.

엽서 속 그림처럼 언덕 위의 하얀 고급 저택들, 바다에 유유자적 떠있는 수백억 원 이상 되는 호화 요트들, 눈이 시리도록 해맑은 하늘 그리고 에메랄드빛 지중해 바다 색 등등 더 이상 말로 표현할 수 없는 아름다움이 어우러져 이역만리에서 온 이방인을 따뜻하게 맞이했다.

모나코는 호화롭고 세련미 넘치는 무한한 친밀감을 발산하며 철저하게 전 도시를 압도했다.

모나코 현지인들이 자연스럽게 풍기는 여유로움에 약간의 질투심마저 들었다.

여기에 있다는 사실 하나만으로도 무리해서 여행을 온 게 전혀 아깝지 않았다.

여행은 마치 선물 포장을 뜯기 전에 느끼는
궁금증과 기대감으로 가슴 뛰게 하는 마력이 있다.
어린 아이가 갖는 천진난만한 설렘을 갖고
맞이하는 여행은 그야말로 장밋빛 일색이다.

예상치 못한 행복

 어느 날 당신에게 미지의 목적지를 향해가는 여행의 기회가 주어졌다면 흔쾌히 가겠다고 대답할 용의가 있는가?
 혹시 평소 모험심이 약한 당신의 성향과 미지의 세계에 대한 두려움 때문에 망설일 것인가?
 '당신이 결코 가져본 적 없는 것을 얻으려면 결코 해본 적 없는 일을 해야 한다' 라는 유명한 말이 떠오른다.
 미지의 세계에 대한 두려움과 환상이 서로 미묘하게 교차하는 여행이라는 신세계는 마치 신비한 인생의 항로와도 흡사하다.

여행은 새로운 곳을 찾아 이곳저곳 헤매는 것이 아니라 열린 눈, 새로운 시각을 얻는 것이다.

사람들이 여행을 갈망하는 이유는 바로 여행 자체가 선사하는, 지금까지 느껴보지 못했던 신선하고도 새로운 자극 때문이다.

누구나 여행 전에 느꼈던 불확실성이 실제 여행을 하면서 점차 해소되면서 그 진면목이 드러났을 때 그 기쁨은 더 증가된다.

여행을 통해 얻은 행복은 인생을 바꿔놓을 만큼 강렬하다.

현지 음식을 우연히 맛봤을 때 또는 오솔길이 탁 트이면서 누구의 손길도 닿지 않은 계곡의 장엄한 풍경이 갑자기 눈앞에 펼쳐졌을 때처럼 말이다.

심지어는 교회나 성당 앞에 서있는 동상으로부터 거부할 수 없는 역사나 깊숙이 숨겨진 이야기를 먼 과거로부터 끄집어내기 위해 만지작거리며 작은 행복을 느끼기도 한다.

그 동상의 숨결을 직접 느끼는 순간 그것들과 만지는 여행자의 마음이 일심동체가 되어간다.

여행이 끝나갈 무렵이면 복잡 미묘하고 달콤 씁쓸한 감정이 교차하는데 이는 여행을 통해 찾아온 행복감 역시 영원하지 않다는 것을 반증하기에 최선을 다해 주어진 기회를 더욱 더 소중한 추억거리로 만들어야 한다는 당위성이 생기기 때문이다.

사람들은 무엇이 나를 행복하게 만드는지를 분명하게 알지 못하기 때문에 자기 자신을 행복하게 만드는 일 자체를 고난도의 방정식을 푸는 것과 같이 어렵게 여긴다.

진정으로 갈망하는 것을 찾아내는 순간, 예상치 못한 행복은 아주 가까운 곳에서 저절로 찾아온다.

이 세상 모든 사람들에게 바깥세상을 탐험할
기회가 주어지지 않는다는 사실을 항상 깨달으며
감사함을 갖는 것은 어떨까?
여행이든 인생이든 거친 현실의 지난한 과정을 거치며
내가 이곳까지 행복하게 무사히 도착했다는 사실에
스스로 대견하게 생각해본 적은 없었는가.

여행 5

여행과 결혼한다고?

장밋빛 여행

여행자의 모습은 새로운 모험을 하기 직전 찬란한 미소를 띤 연인의 모습과 너무도 흡사하다.

살면서 사랑이라는 또 다른 미지의 세계를 새로 발견한다는 벅찬 설렘으로 가슴을 부여잡고 밤을 지새우던 경험이 있다면 여행이 바로 그 사랑과 속성이 똑같다.

반복되는 일상에서 벗어나 미지의 세계로 떠나면 평소 본인 생각을 방해했던 훼방꾼 없이 내면 깊숙한 곳으로 깊이 빠져들면서 본연의 모습을 되찾을 수 있음은 아무리 강조해도 지나침이 없다.
 더 나아가 타인이 아닌 자기 자신에게 더 많이 귀를 기울일 수 있어 자기 고유의 색깔을 유지하면서 자신만의 속도와 리듬을 타면서 진정 여행을 사랑할 수 있다.
 과연 바깥세상에서는 무엇들이 어떤 모습을 띠고 나를 기다리고 있을까?

 2018년 7월, 불현 듯 바깥세상이 그리워 배낭 하나 달랑 메고 아프리카로 떠났다.
 에티오피아의 아디스아바바 공항을 출발하여 탄자니아의 수도 다르에스살람(아랍어로 '평화로운 안식처'를 뜻하는 '다르살람'에서 유래함) 공항에 도착했다.
 이곳에서 두어 시간 대기 후, 다시 국내선을 타고 탄자니아 동부 해상의 탄자니아 자치령인 잔지바르 섬으로 향했다.
 잔지바르('검은 항구'라는 의미임)섬은 아프리카 동부 아프리카 인도양에 있는 유구한 역사를 지닌 곳으로서 지리적 이점을 이용해 노예무역을 포함해 일찍이 중계무역이 성행했고 따라서 당시 아프리카, 아랍, 페르시아와 포르투갈 등지에서 다양한 민족이 이 지역으로 이주해왔다.

백리까지 강한 향기가 풍겨서 백리향(百里香)이란 별명이 붙었던 정향(丁香) 향신료가 이곳의 경제를 1970년대까지 그럭저럭 유지시켜 주었으나, 현재는 지역 경제가 주로 관광산업에 의존하고 있다.

이곳에서 가장 널리 쓰이는 언어는 고도로 아랍어화한 '스와힐리 어'와 영어이다.

물론 이곳에는 무슬림들이 많이 있기에 아랍어 역시 널리 쓰인다.

잔지바르의 속살을 보다 잘 느끼기 위해서 잔지바르 공항에 내리자마자 택시를 잡아타고 '스톤타운'을 찾았다.

스톤 타운 입구에는 이곳이 유네스코 문화유산으로 지정되었음을 알리는 표지판이 큼직하게 눈에 다가왔다.

숙소에 도착해서 창문을 열고 창 밖을 내다보니 전형적인 아프리카의 골목이 눈앞에 펼쳐졌다.

이곳저곳 관광객을 실어 나르는 관광버스와 외국 관광객들의 물결로 거리가 북적이며 동시에 따스한 열기로 가득했다.

모든 상념을 뒤로한 채 아무 생각 없이 시내를 걸었다.

미로 같은 좁은 골목 사이로 다양한 빛깔로 얼룩진 아랍의 정취가 훅하고 묻어났다.

가난의 냄새가 물씬 풍기는 세상살이 흔적들로 가득한 골목을 경쟁하듯 채우고 있는 수많은 상점과 아프리카 흑인, 아랍인 등의 문화가 서로 뒤엉킨 모습으로 나를 유혹했다.

이질적인 문화의 평화로운 공존이 지배하는 가운데 오토바이를 타고 지나가는 곱슬머리에 짙은 선글라스를 낀 현지 청년, 시장에 물건을 사러 갔다가 한꾸러미 손에 들고 돌아오는 통통한 체구의 아주머니, 짐을 가득 짊어진 햇볕에 그을린 거무스름한 피부의 행상인, 과일을 팔고 있는 체격 좋은 과일가게 주인, 골목 어귀에 싸구려 옷을 쌓아놓고 행인들의 발걸음을 붙잡는 옷장수 등의 모습이 소탈하고 정겹게 다가왔다.

아니 그보다는 이 모든 것들이 옛날부터 알았던 친구처럼 속삭이며 말을 걸어오는 것 같았다.

삶의 온기와 흔적이 오롯이 묻어나는 풍경이었다.

이곳에 여행자 신분을 훌훌 털어버리고 이곳 일부가 되어 살고 싶은 욕망이 마음속으로부터 새록새록 솟아났다.

느릿느릿 가늘게 흔들리며 현지인들처럼 물 흐르듯 흘러가고 싶다.

변화하기 위해서는 평소와 다른 새로운 자극이 필요하다는 사실은 다 알지만 실행하기란 말처럼 쉽지 않다.

그래서 익숙한 몸짓으로 아프리카 여행을 그 돌파구로 선택했는지도 모르겠다.

가난의 냄새가 물씬 풍기는
세상살이 흔적들로 가득한 골목을
경쟁하듯 채우고 있는 수많은 상점
그리고 아프리카 흑인, 아랍인 등의 문화가
서로 뒤엉킨 모습으로 나를 유혹했다.

돈으로 살 수 없는 여행

 환상의 여행은 비싼 비용과 시간을 투자하는 일종의 투자 활동이다. 다시 말하면 여행은 돈과 환희를 서로 바꾸는 과정이다.

 물질적인 것보다 돈으로 추상적인 여행 경험을 사면서 행복감에 푹 빠진다.

 여행을 통해 달라지는 것은 바로 자기 자신이다.

 그곳에 존재하는 것만으로도 의미있는 여행을 통해 평소 무의식적으로 감사의 영역 밖으로 반사적으로 밀어냈던 것들이 얼마나 많았는지를 문득 깨닫게 된다.

여행은 일상으로 복귀해서도 '나다운 것'이 무엇인지 끊임없이 알려준다.

그래서 자기 자신을 둘러싼 소중한 것들이 주변에 늘 존재해왔음을 깨닫는 것에서부터 평소에 느끼지 못했던 감사의 마음을 느끼게 된다.

여행은 기회와 시간이 주어지면 미루지 말고 과감히 실행하자.

'다음에 가야지'라는 생각이 자신을 지배하면 결코 갈 수 없게 되는 것이 또한 현실이다.

여행에는 뜨거운 용기가 절대적으로 필요하다.

여행 6

인생의 닻을 풀고 출항하라

여권

 밖으로 나가는데 필수인 여행증명서인 여권은 여행자들에게 어떤 의미를 가지는 것일까?
 여행자가 자신의 신분을 증명하는 관습은 고대 이집트로 거슬러 올라가 고대 이집트의 파라오들은 자신의 이름을 상형문자로 새긴 둥근 형태의 물건인 일종의 신임장을 사신들에게 주어 여행을 안전하게 할 수 있도록 했다.
 성경 '느헤미야 2장 7절'을 보면 유대지방으로 갈 때 페르시아 총독에게 친서를 받는 장면이 나오는데 당시에도 이동을 허락하는 증서가 엄연히 존재하였음을 입증하고 있다.

여권의 어원을 살펴보면, '지나가다'라는 의미를 가진 고대 프랑스어 동사 passer의 명령형 passe와 '항구'라는 의미의 명사 port를 합성해서 만든 말로써 항구를 지나가다라는 의미이다.

결국 이 항구 저 항구를 정처 없이 떠돌아다니는 여행자의 발자취는 옛날이나 지금이나 별반 다르지 않다는 반증이기도 하다.

자, 이제 여권까지 준비되었으면 힘차게 닻을 풀고 출항을 서두르자.

속도조절을 하면서 여행을 하다보면
그동안 보이지 않았던 세상 밖의 하찮은 것까지도
눈에 서서히 들어오기 시작한다.

오늘은 다시 오지 않는다

여행을 준비하면서 느끼는 설레는 감정은 어린아이나 어른 구별 없이 모두 똑같다.

초등학교 때 소풍 전날밤 엄마가 재래시장에서 사다준 새 운동화를 머리맡에 두고 잠을 설쳤던 바로 그 느낌말이다.

직장에서 휴가를 떠날 때 '내가 자리를 비우면 회사가 잘 돌아갈까' 쓸데없는 걱정을 한 적이 있는가?

유감스럽게도 이 세상은 본인이 없어도 거대한 수레바퀴가 돌 듯 치밀한 시스템 아래 어제도 잘 돌아갔고 오늘도 잘 돌

아갈 것이며 내일도 문제없이 잘 돌아가게 되어 있다.

  사람들은 기계적으로 하루하루 반복되는 생활 속에서 일상의 관성을 이겨내기가 여간 힘든 게 아니다.

  그래서 이런저런 바쁘다는 핑계로 '여행'이라는 단어를 마음으로 꽁꽁 묶어놓고 아무도 찾을 수 없는 서랍 속 깊숙한 곳에 처박아 두기 십상이다.

  한번쯤은 판에 박힌, 다람쥐 쳇바퀴 도는 듯한 찌든 일상으로부터 모든 것을 훌훌 털어버리자.

  세상만사 어리석은 집착, 근심들은 잠시 다 내려놓고 그동안 일에만 쏟았던 시간만큼 쉬는 데도 그 시간을 써보자.

  자, 이제 남의 시선이라는 압박감으로부터 벗어나면 과연 무엇이 보이는가?

  마음속 찌꺼기까지 샅샅이 씻어내는, 남미의 웅장한 이구아수 폭포가 뿜어내는 물줄기와 천둥소리에 전적으로 마음을 내맡기는 것은 어떤가?

  에메랄드빛 지중해를 유랑하는 크루즈의 갑판 위에 누워

이어폰을 귀에 꽂고 평소 듣고 싶었던 음악을 들으며 칵테일 한 잔을 홀짝이면서 재충전하는 것은 어떨까?

어느 아랍국가의 소도시 골목을 하루종일 무거운 배낭을 메고 걷다가 모퉁이에 자리한 허름한 현지 식당에 불쑥 들어가 주인장의 섬세한 손길을 속속들이 음미할 수 있는, 지금 막 옆 테이블의 현지인이 먹기 시작한 이름 모를 음식을 시켜서 먹어보는 것은 어떨까?

아니면 파리의 몽마르트 노천카페에서 쓰디 쓴 에스프레소 한 잔을 시켜 놓고 옆에 앉아있는 사람과 가벼운 눈인사를 나누고 카페 앞을 지나가는 행인들을 멍 때리며 바라보는 재미를 느끼는 것은 어떤가?

여행하면서 순간순간 마음 깊숙한 곳으로부터 느끼는 감정은 영혼을 뒤흔들기에 충분하다.

실제 의학적으로도 여행을 하게 되면 세로토닌, 옥시토신이 분비되면서 그 즐거움이 증폭되며 더 나아가 여행에서 진한 감동을 받거나 깨달음을 얻을 경우에는 몸에서 엔도르핀의 몇 천배에 달하는 감동 호르몬인 다이도르핀이 솟아 나온다고 한다.

평소의 내 지론은 '여행=소통'이라는 등식이다. 여행할 때는 바깥세상에 대해 지적 호기심을 가지고 언어, 역사 및 세계 지리적인 눈을 가져야 한다.

그렇게 함으로써 세상이 제대로 보이기 시작한다.

여전히 나와 같은 공기를 마시면서 호흡하는, 지구라는 한 배를 탄 동료인 그들의 숨결을 몸소 느끼며, 닫힌 내 마음을 활짝 열고 그들과 소통하는 즐거움에 여행의 의미를 두고 있다.

'오늘은 어제 죽은 이가 그토록 그리던 내일이다'

오늘은 우리 인생에 있어서 단 한번뿐이기에 하루하루를 처음 맞이하는 것 같은 설렘으로 여행을 통해서 그 소중한 오늘을 음미하는 것은 어떨까?

어디론가 떠나고 싶은 충동이
마음속에서 용솟음치고 있다면
먼저 찬찬히 내면의 소리에 귀를 기울여라.
그리고 그 내면의 소리가 속삭이는 대로 바로 떠나라.
그곳에 새로운 사람이 있고 은밀한 즐거움이 있다.

자기자신을 극진히 대접하라

그동안 100개국 이상을 다니면서도 가난한 배낭여행자의 입장이다 보니 좋은 숙소, 좋은 음식을 누린 기억이 거의 없다.

제한된 여행 경비를 최대한 효율적으로 꼭 필요한 경우에만 맞춰 쓰는 그 습관이 오래도록 몸에 익은 탓도 있다.

숙소는 대체로 몇 만원 하는 게스트하우스에서 세계 각지에서 온 젊은 배낭여행자들과 함께 침대를 나눠 쓰고, 식사비를 아낀다고 비행기에서 제공한 과자, 빵 등을 배낭에 고

이 보관했다가 여행하면서 식사 때마다 알뜰살뜰 챙겨먹곤 했다.

때로는 하룻밤 숙박비마저 아끼기 위해 외국 공항 한 구석에 거리낌 없이 침낭을 깔고 철퍼덕 누워서 잠을 잤던 적도 있다.

여행 마지막 날은 현지 공항을 떠나기 전에 지갑과 주머니를 탈탈 털어 얼마 남지 않은 현지 돈으로 기념품을 사거나 공항 내 식당에서 모처럼 제대로 된 식사를 하면서 구질구질한 가난뱅이 여행자의 모습을 벗어나려고 했다.

여행 중 느긋하게 자유 시간을 즐기는 것은 사실은 일하는 것보다 더 어렵다는 연구 결과도 있다.

지금 다시 여행을 떠난다면 그동안의 '짠돌이 여행'에서 조금 벗어나 추억을 잉태할 수 있는 멋진 곳에서 정말 행복하게 즐길 예정이다.

모처럼 힘들게 떠난 여행이 고생으로 점철되는 것보다는 내 자신에게 힐링을 선사할 수 있도록 과감히 바꾸려고 한다.

여행 중 그동안 잊고 지냈던 행복감과 즐거움을 부단히 확인해보자.

언제나 자기 자신을 가장 최우선에 두도록 노력하자.

이렇게 하는 이유는, 나를 왕처럼 대접할 수 있는 사람은 이 세상에 여전히 나밖에 없기 때문이다.

이 세상에서 가장 최고의 선물은 사랑받을 만한 가치가 있는 자기 자신에게 기회를 주고 대접하는 삶이다.

이렇게 자기 자신에게 힘을 실어줄 때 '달라진 나'를 확인할 수 있고 더 나아가 인생을 살아가는 데 있어서 든든한 버팀목이 된다.

이렇게 정말 좋은 여행에서 느껴지는 깊은 울림은 사람들의 인생까지 바꾼다.

여행 7

후회없는 여행을 하려면

여행의 민낯

　여행 중 항공편이 취소 연착되거나, 여행지로 가는 도중 버스나 기차가 고장 나서 꼼짝달싹 못하거나, 귀중한 짐을 분실한다거나, 여행 내내 악천후 때문에 제대로 못보고 하루 종일 숙소에 갇혀 지내거나, 숙소 샤워장이나 화장실이 고장 나서 일을 제대로 보지 못하거나, 이동 중에 이글거리는 태양볕에 화상을 입거나, 발에 생긴 물집으로 걸을 수 없거나, 끝없이 달라붙는 굶주린 모기떼나 벌레에 물려 고통을 당하거나, 물갈이나 음식을 잘못 먹어 구토나 설사 등 건강상 이상이 생기거나, 최악의 경우 노상강도를 만나 돈, 신용카드, 여권, 스마트 폰, 카메라 등 귀중품을 뺏기는 등의 낭패는 행복한 여행 기분을 썰물 빠지듯 흔적도 없이 다 사라져 버리게 만든다.

그런데 이러한 답답한 악몽 같은 여행담은 인터넷이나 여행안내서, TV여행 프로그램에서는 좀처럼 찾아보기 힘들다.

아무래도 부정적인 경험보다는 여행을 멋지게 마무리했다는 성취감에 기반을 둔, 환상적이고도 긍정적인 측면만을 보여주려는 사람들의 본능 때문일 것이다.

여행을 떠나기 전에 얻은 SNS 등의 인터넷 정보처럼 실제 여행을 떠나서 현지에서 겪게 되는 본인의 하루하루도 과연 정보 내용처럼 똑같이 진행될까 의문이다.

당연히 아니다.

사실 여행 중 쌓인 피로감에 비해 여행이 끝난 후 얻는 환상은 상대적으로 미미하다.

그래서 혹시라도 맞닥뜨릴 수 있는, 예측이 불가능한 상황을 미리 파악하고 그 돌파구로서 플랜A, 플랜B 등을 미리 마련해야하는 계산된 위험 부담도 늘 따라다닌다.

이러한 상황들을 그러려니 하면서 당연하게 받아들여야만 여행의 본질에 조금이나마 다가설 수 있다.

그동안 여행하면서 긴박했던 상황을 비행기 안에서 몸으로 직접 맞닥뜨린 아찔했던 경험이 주마등처럼 스쳐 지나갔다.

주어진 현실을 절대로 뒤집을 수 없다고 생각하는 순간
그 현실의 늪에서 허우적거리며 절대 빠져나올 수 없다.

아찔했던 순간

1994년 5월, 미국 LA에서 런던으로 가는 S 항공기 안에서 실제 겪은 일이다.

이륙 후 약 한 시간 정도 날아갔을까 ….

갑자기 기체에 이상이 발생해 비상 착륙지로 향하고 있다는 기장의 안내방송이 나오면서 동시에 기체가 불안정하게 흔들리기 시작했다.

동시에 아, 큰 사고가 났으니 이제 죽는구나하는 공포감이 순간적으로 밀물처럼 가슴속까지 밀어닥쳤다.

많은 승객으로 가득 찬 좌석을 찬찬히 휘둘러보았다. 뜻밖에도 모두가 숙연한 표정으로 침착하게 운명을 받아들이는 듯한 모습을 보였다.

옆자리에 앉은 노부부는 조용히 서로의 어깨를 끌어안고 기도하고 있었고 건너 편 좌석의 70대 할머니는 메모지를 꺼내 유언을 쓰는 듯 보였다.

단 한사람도 소리를 지르거나 경악의 표정으로 승무원에게 항의하는 사람은 찾아볼 수 없었다.

그로부터 약 30분 이상 비행 후에 비행기는 미국 중부에 있는 어느 조그만 공항에 무사히 비상착륙을 했다.

머릿속이 하얘지며 초조하게 보냈던 그 30분이라는 시간은 실제 30년 정도로 길게만 느껴졌다.

그렇게 많은 해외여행을 하면서도 이와 같은 경우는 처음 겪는 일이라서 그런지 나 역시 안절부절 어찌할 바를 몰랐다.

비행기가 공항에 무사히 착륙하자 영화 장면처럼 승객들은 예전부터 친했던 지인들처럼 서로 얼싸안고 안도의 환호를 외치면서 기장과 승무원들에게 열렬히 박수를 보냈다.

당시 수백 명의 승객 중 동양인은 나 혼자였던 것 같았다.

떠들썩한 비행기 착륙 후 안내방송에 따라 다른 승객들과 같이 일단 타고 왔던 비행기에서 무사히 빠져나왔다.

그러고는 공항에서 약 4시간정도 대기 후 다른 대체 항공편으로 갈아타고 무사히 다음 목적지인 영국 런던으로 향했던 기억이 있다.

'하늘 길' 역시 땅 위의 도로처럼 항상 위험이 도사리고 있기에 아찔했던 순간은 비행기를 타고 밖으로 여행하는 사람들 누구에게나 예고 없이 갑자기 찾아올 수 있다.

여행을 가면 평소 빠져 지내는 인터넷이나 SNS에서 과감히 벗어날 수 있을까?

불행하게도 여행지에 가서도 시시각각 스마트 폰으로 메일이나 문자 확인, SNS의 '좋아요'나 댓글 확인 등을 하지 않으면 불안감 때문에 더 이상 여행을 진행할 수 없을 정도의 증상 즉 '포모증후군(FOMO: Fear of missing out)'도 이제는 여행자들 사이에 매우 만연되어있다.

여행 전 설렘으로 들뜬 마음은 여행지에서의 기대치 극대화라는 과정을 겪은 후에는 바로 사그라져버린다.

다시 말하면 여행지에서 아무리 특별하고 아름다운 경치도 시간이 지남에 따라 곧 평범하게 느껴진다는 의미이다.

따라서 분명한 목표나 방향이 없는 여행은 시간 낭비, 후회 그리고 심지어는 죄책감이라는 후유증까지 동반할 수 있다.

여행을 극복하라

 여행을 하면서 불편하거나 피하고 싶을 정도로 싫었던 부분이 있었는가?
 지금으로부터 약 27년 전, 유럽 여행 중 중간 기착지인 체코에서 일본 여학생을 만나기로 약속했었다.
 그러나 어찌된 일인지 약속장소에 나갔지만 그녀는 끝내 나타나지 않았다.
 이역만리에 있는 내 마음은 납덩어리마냥 무척 무거웠다.
 가만가만 내려앉는 어둠을 뚫고 오스트리아 비엔나에 있는 숙소로 돌아와야 했다.

  괴성을 내며 덜컹이는 열차 안에서는 아련한 애상이랄까, 한숨이 뒤섞인 느낌이 한동안 잊고 살았던 무어라 형용할 수 없는 미묘한 감정과 함께 갑자기 가슴속에서 요동쳤다.

  누군가를 향한 아련한 노스탤지어를 일깨워주기라도 하듯 비가 한 두 방울씩 차창을 스치며 떨어지기 시작했다.

  가방에서 메모장을 꺼내 몇 자 적어 내려가기 시작했다.

  사실 그 어떤 여행도 완벽할 수 없다는 사실을 늘 마음속에 되새기면 여행 중 발생하는 시행착오를 최소화할 수 있다.

  여행은 되돌아볼 때만 멋져 보인다는 말처럼 마법을 부렸는지 그 힘들었던 순간들이 좋은 기억으로 갑자기 둔갑한다.

  사람들은 여행하면서 죽을 만큼 고생을 했어도 본능적으로 자기합리화라는 과정을 거쳐 이번 여행은 정말 멋졌어, 라고 말하는 아이러니한 속성을 지니고 있다.

2013년 9월, 발칸반도에 있는 생면부지의 코소보를 찾았다. 버스로 이곳에 도착한 시각은 밤 9시가 넘은 깜깜한 밤이었는데 장대같은 비가 쏟아졌고 거센 바람까지 휘몰아쳤다.
 버스에서 내리자마자 날씨 탓에 코소보에 대한 환상이 무참하게 깨져버렸다.
 숙소도 정하지 않은 상태여서 일단 숙소부터 구할 요량으로 배낭에서 우산을 꺼내 들고 시내 쪽으로 방향을 잡았다.
 비바람 때문에 뒤집어 지려고하는 우산을 어릴 적 젖 먹던 힘까지 다해 힘껏 부여잡았다.
 가는 길이 온통 사람 키 정도의 대형 배수관공사를 하느라다 파헤쳐져서 시뻘건 흙이 산더미처럼 쌓여있는 길을 걷기가 여간 불편한 것이 아니었다.
 비바람이 몰아치는 먹물같이 캄캄한 밤에 신발이 공사판 진흙탕에 빠지고 우산대마저 부러져 할 수 없이 그냥 온몸으로 장대비를 맞으면서 숙소를 찾아갔다.
 약 30분이나 걸려 겨우 호텔에 도착했는데 로비에서 마주친 호텔직원이 빈 방이 없다고 알려주었다.
 갑자기 머리가 노래졌다.
 천신만고 끝에 비바람을 헤치고 진흙탕에 발이 빠져가면서

어둠을 뚫고 이곳에 도착했는데...

 한동안 멍하니 호텔 정문에 서서 어둠을 응시하다가 다시 왔던 길로 되돌아 시내 중심가로 비를 맞으며 걸어갔다.

 다시 약 40여 분간 점점 강해지고 굵어지는 비바람 속을 뚫고 다리를 끌다시피 한 채 어려움을 이겨내며 드디어 코소보의 탄생 과정만큼이나 힘들게 다른 호텔을 찾을 수 있었다.

 문을 열고 호텔에 들어서니 직원들이 생쥐같이 온 몸이 비에 흠뻑 젖은 내 몰골을 머리끝부터 발끝까지 엑스레이로 스캔하듯 쭉 훑어보았다.

 코소보는 첫날부터 나를 매우 거칠게 맞이했다.

 장엄한 시간여행은 각각 다른 방식으로 내 가슴에 남았다.

 사람들마다 다르겠지만 평소 회피했던 문제들은 붙박이 가구처럼 여행 내내 마음속을 헤집고 다닐 수도 있기 때문에 여행을 다녀와서 얼마 지나지 않아 여행 전에 겪었던 똑같은 혼란의 바다 속으로 다시 빠질 수도 있다.

 물론 겪는 사람에 따라 시각의 차이도 있고 예외가 있을 수는 있지만 자기 마음에 드는 아름답고 좋은 것만 볼 수 있는 여행은 애당초 존재하지 않는다.
　여행 자체는 근본적으로 피곤한 것이다.
　예상치 못했던 상황들이 여행 중에 끊임없이 발생하고 예상이 빗나간 일도 부지기수이다.
　그것을 무사히 극복했을 때 나중에라도 소중한 여행의 의미를 되새길 수 있다.

깔끔한 마무리

누구나 추구하려고 하는 행복한 여행은 용기나 도전 의식 등이 수반되어야한다고 앞서 누누이 설명했다.

이제 여행을 다녀와서 먼저 자신에게 솔직하게 하나씩 질문을 해보자.

행복한 꿈을 꾸는 듯한 여행이었는지 자부할 수 있는가?

여행 사진 등을 콧노래를 부르며 SNS에 올릴 수 있을 정도로 추억으로 가득했는가?

여행을 하면서 나름 비용을 아낄 수 있는 정보나 환상의 여행지에 대한 묘사, 여행 중 겪었던 어려움 등의 내용도 여과 없이 포함시켜 SNS에 올렸는가?

여행을 하게 되면 우선 무엇을(what) 봐야 하고,

왜(why) 그것을 봐야하는지,

언제(when),

어디에(where) 머물며 힐링을 할 수 있는지,

여행지에 머물며 휴식을 취할 때 예를 들면 어떤 종류의 음악이나 커피를 즐기면 그 만족도가 극대화 되는지, 그리고 어떻게(how) 이번 여행을 마무리 짓는 것이 최상인지 등등을 미리 염두에 두고 여행을 떠난다면 큰 무리가 없을 것이다.

어쩌면 이 질문에 대한 대답은 평소에 본인이 본능적으로 제일 잘 알고 있는 부분일 수도 있다.

여행을 마무리한 후 여행 전반을 돌아봤을 때 여행 중 언제 가장 행복했었는가, 그리고 그 특정 순간이 얼마나 기억에 독특하게 남았는가를 생각해 보자.

여행에 대한 인상은 언제, 어떤 관점에서 보느냐에 따라 완전히 달라진다. 그래서 나에게 매우 좋았던 여행이라도 다른 사람에게는 가끔 악몽으로 남을 수 있다.

무엇보다도 여행 후 이번 여행을 자기 자신에게 영원히 남을 만한 가치 있는 것으로 만들었다는 자부심이 싹튼다면 나머지 인생을 살면서도 장밋빛 기억으로 추억의 장을 장식하며 두고두고 화수분처럼 용솟음치는 풍성한 즐거움과 행복감을 만끽할 수 있다.

여행을 풍성한 기억으로 깔끔하게 마무리하는 것은 선택이 아니라 필수이다.

그래야 여행 후 시간이 한참 흘러도 지인들과 당시의 여행 경험담을 나누고 특별한 여행 추억을 소환하고 다시금 행복을 느낄 요소들이 끊임없이 실타래처럼 풀려나오기 때문이다.

행복한 여행은 돈을 주고 살 수 없다.

그러나 대부분의 사람들은 여행 자체에 온통 신경을 쓴 나머지 여행의 마무리를 소홀히 하는 경향이 있다.

환상적인 신세계를 경험했던 여행지에서 시간을 보내다가 일상으로 되돌아간다는 생각을 하기만 해도 집에 도착하지도 않았는데 벌써부터 우울해진다.

멀리 여행을 떠났다가 집에 돌아오면 늘 당연하게 여기던 지극히 평범한 것들 예를 들면 거실, 서재의 책상 등등이 낯설어지기 시작한다.

처음부터 마지막까지를 온전하게 준비하고 즐겨야만 비로소 여행이 끝나는 것이다.

자, 이제 자기 자신에게 물어보자.

여행이 그토록 매력적인 이유는 과연 무엇인가?

이번 여행이 진정 내 삶을 뒤흔들 만큼 환상적이었나?

여행 8

여행의 목표는 어떻게 설정할까

왜 떠나는가

　최근 인터넷 기술 발달로 구글 어스Google Earth 등에서 스크롤scroll, 줌인zoom-in을 몇 번만하면 원하는 여행지 위치를 손쉽게 찾아내는 수준에 이르렀다.
　더 세부적으로 스트리트 뷰street view를 활용하면 도로, 골목, 건물, 마을 광장, 교회, 숙소까지도 한눈에 볼 수 있다.
　이렇게 집 책상에 앉아 마우스 하나만 클릭하기만하면 전 세계 원하는 어느 장소라도 쉽게 온라인상으로도 여행할 수 있는데 왜 사람들은 굳이 어렵게 시간을 내고 비싼 대가를 치르면서까지 여행을 떠나려고 할까?

 아마도 여행을 통해 기쁨과 경이로움을 느끼며 찌든 일상으로부터 벗어나 힐링을 얻고자 하는 것이 가장 큰 여행의 목표일 것이다.

 또한 원하는 곳에 가서 지구에서 같은 공기를 마시고 살고 있는 그곳 사람들은 도대체 어떻게 살고 있는지 그 내면의 속살까지 직접 확인하고 싶은 본능적 욕구 때문인지도 모른다.

 여행은 우리 본래의 모습을 찾아준다는 알베르 카뮈의 말처럼 설렘과 두려움을 마음에 동시에 담고 떠난 '나 자신으로부터의 자유로운 여행'은 그동안 미처 발견하지 못했던 마음속 깊은 곳에 숨겨져 있는 '낯선 나', 즉 '나의 내면의 소리'를 찾는 과정의 연속이다.

 내 자신을 더 잘 알기 위해 떠나는 나의 여행 목적은 우선적으로 낯선 나라와 사람들을 만나 눈에 보이는 모든 것들을 짝사랑하는 것이다.

 이런 방식으로 내가 원했던 삶을 여행을 통해 재발견하게 되고 더 나아가 내 삶의 우선순위를 다시 정하게 된다.

막연하나마 이렇게 용기를 가지고 도전하는 것은 그 누구도 아닌 나 자신의 행복을 위한 최선책이다.

어떤 사람들에게 떠나게 된 동기는 어떤 측면에서 보면 휴식보다는 자기 자신의 내면에 아물지 않은 생채기 치유를 위한 것인지도 모른다.

서로 다른 상황에서 떠난 여행자들에게 여행은 납덩이 같이 무거운 마음의 짐을 덜어줄 절호의 기회가 되곤 한다.

비행기가 이륙한 후 얼마 지나지 않아 점같이 작아진 마을 모습을 창문을 통해 한 눈에 내려다보면 문득 다람쥐 쳇바퀴 돌 듯 정신없이 달려온 수많은 시간들이 주마등처럼 스쳐지나가면서 과연 나는 그동안 진짜로 원했던 일 또는 인생을 행복하게 만드는 일들을 하고 살아왔는가, 라는 원초적인 질문에 봉착하게 된다.

지금까지 여행을 하면서 끊임없는 자문자답을 통해 내 자신을 진정 행복하게 만드는 것이 어떤 것인지를 점차 터득할 수 있었다.

해외에서 실제 여행을 하면서 만났던 여행자들 중 일부는 이혼, 사별, 이별이나 취직, 시험 등의 실패로 인생이 완전히 망가졌다는 자포자기 상태에서 배낭 하나 달랑 메고 무작정 여행을 떠난 사람들이었다.

많은 사연들을 가슴속에 깊숙이 묻고 홀연히 수도승같이 지독히 고독한 여행길을 선택했다고 했다.

그 중 몇몇 사람은 실제로 여행을 통해 한동안 허우적대던 심연으로부터 벗어나 마음의 상처를 치유하고 좌절감을 극복할 수 있었다고 했다.

여행은 그 자체만으로도 이 세상 어느 것과도 바꿀 수 없는 최고의 경험적 투자다.

바람처럼 자기 마음가는대로 자유롭게 놔두면 내면 깊숙한 곳에 있는 그 무엇을 자연스럽게 끄집어낼 수 있을 것이다.

그럼 다시 똑같은 질문을 해보자.

왜 떠나려고 하는가?

떠나려는 이유는 아주 간단하다.

그동안 소홀히 대했던 자기 자신에게 힐링이라는 감사의 선물을 주기 위함이다.

지금이야말로 바로 자기만의 삶의 의미를 찾는, 자아실현을 위한 여행을 떠날 때이다.

여행에 대한 꿈을 저버리지 않는다면 본인들이 꿈꾸던 여행에 한발 더 가까워질 것은 분명하다.

다만 왜 떠나는가, 라는 여행의 이유에 대한 기본적인 질문을 자기 자신에게 던지며 부단히 그 해답을 찾으려고 노력해야한다는 전제가 뒤따른다.

인생에 삶의 목표가 있듯이 여행에도 목표가 필요하기 때문에 그 여행지에 왜 가고 무엇을 얻을 것인지 항상 염두에 두어야 한다.

어떤 사람이 언제 여행을 떠나는 것이 좋은지, 물어온 적이 있었다.

어린 아이부터 노인까지 삶의 매 시기마다 각자 여행을 떠나야 할 타당한 이유가 다르듯 각 시기마다 적절한 여행 시점과 장소가 중요하다.

희망을 찾는 여러 가지 방법 중에서 손꼽히는 것은 역시 여행이다.

타이밍의 예술, 이라는 말도 있듯이 여행을 나중으로 미루지 마라.

물론 너무 과도하게 여행계획을 잡거나 지나친 의욕은 금물이다.

자, 이제 배의 닻줄을 풀고 출항할 시간이다.

여행은 그 자체만으로도 이 세상 어느 것과도
바꿀 수 없는 최고의 경험적 투자다.
바람처럼 자기 마음가는대로 자유롭게 놔두면 내면
깊숙한 곳에 있는 그 무엇을 자연스럽게 끄집어낼 수 있을 것이다.

무엇을 얻기 위함인가

 사람들은 여행을 떠나면 힘들게 시간을 내어 여행을 왔다는 강박관념과 그에 따른 보상 심리에 꽁꽁 갇히기 때문에 짧은 시간 내에 최대한 많은 것을 보기 위해 동분서주 부지런히 이곳저곳을 정신없이 다닌다.
 지금 이렇게 여행을 떠나올 수 있는 시간과 금전적인 여유가 다음에 또다시 찾아올까, 가슴을 납덩이처럼 누르는 중압감과 일말의 의구심을 품으면서 말이다.
 그러나 누구든지 평소 여행에 대한 꿈을 마음 한구석에라도 담아두고 있다면 언젠가는 형식에 구애받지 않고 삶의 틈새를 뚫고 다시 원하는 여행을 길든지 짧든지 하게 마련이다.

혹시 여행을 떠나서는 주마간산 식으로 여행지만 찍고 다니지는 않았는지, 아니면 가족들과 함께 바닷가 여행을 하면서 한적한 곳에 텐트를 치고 아이들이 모래밭에서 해맑게 뛰노는 모습을 보면서 진한 에스프레소 한 잔과 평소 좋아하는 음악을 들으며 가벼운 소설책을 읽는 여유를 가지는 독특하고 가치 있는 여행을 했는지는 본인들이 더 잘 느낄 것이다.

여행을 통해 얻게 되는 경험이 눈에 보이는 물질적인 소유보다 더 가치 있게 여겨지는 이유는 바로 그 경험 자체에서 배우는 교훈 때문이다.

우리가 여행에서 추구하는 것은 어떤 장소가 아니라 사물을 관조하는 방식이다.

따라서 열린 눈, 열린 마음으로 힘들게 얻은 여행 경험을 자기 자신의 인생이라는 더 넓은 세계로 확대 적용해야 한다.

적어도 여행을 통해 점차적으로 진정한 자아를 찾아갔고 삶을 바라보는 태도에 있어서 보다 성숙해지는 계기를 만들었다고 자부한다.

  다만 살면서 가끔 망각하는 것이 있는데 그것은 바로 무엇을 얻기 위해 여행을 갔는가, 또는 갈 것인가, 라는 또 다른 원초적인 질문에 대한 대답이다.

  여행에서 의식적으로 무엇을 얻으려고 노력하다보면 여행의 의미를 증대시키고 여행을 떠남으로써 놓친 기회비용까지도 충분히 보상해준다.

  사람들은 살면서 무엇인가 소중한 것을 잃었을 때야 비로소 인생에 대해 절박하게 고민하기 시작한다.

  인생 자체가 길 위에서 하루를 마무리하는 하나의 여행이기에 이 경우 여러 생각들이 마음속에서 서로 교차한다.

  설렘과 두려움을 마음속에 반반씩 안고 인생이라는 여행길을 묵묵히 뚜벅뚜벅 걸어가기 위해서는 결국 자기 자신의 내면의 목소리에 귀를 기울여야한다.

  여행은 결과도 중요하지만 그 과정을 소중하게 여겨야 한다.

  도대체 나는 왜 이곳에 왔을까?

어떤 길을 가고 있는 걸까?

길을 제대로 가고는 있는 걸까?

이 길은 내가 진정 원했던 길일까?

무엇을 찾겠다고 쉬운 길을 나두고 이런 힘든 길을 택했을까?

결론적으로 내가 여행에서 이루고자 하는 것은 과연 무엇일까?

정말 의미가 있는 여행은 말로 표현할 수 없는 그 어떤 것 뒤에 숨어있다.

현실에서 벗어나 높은 산 위에 올라
평소 보아왔던 산 아래 마을을 내려다 보자.
무엇이 보이는가?

여행 9

여행을 통해서 과연
무엇을 어떻게 바꿀 건가

기대감 극대화

 여행의 설렘도 잠시, 많은 사람들은 멋진 여행지에 도착해서 첫날 느꼈던 감동이 그다음 날, 또 그다음 날 시간이 흐름에 따라 점차 줄어드는 경험을 하곤 한다.
 유럽을 방문하면 거리에서 제일 먼저 눈에 띄는 것은 다름 아닌 수백 년은 족히 세월의 풍화를 묵묵히 견뎌냈을 법한 성당이나 교회 건축물이다.
 녹이 슨 육중한 철문, 여기 저기 금이 간 외벽은 아득한 시간의 흔적을 오롯이 머금고 있다.

성당 천장 벽화와 입구에 있는 조각상들을 볼 때마다 그 속에 감춰져있는, 오랜 세월을 묵묵히 견뎌온 사연들이 마치 꿈틀거리며 살아 움직이는 것 같은 환상에 사로잡히게 된다.

처음으로 방문한 성당A에서 아늑하고 성스러운 분위기와 그 웅장함에 입을 쫙 벌린 채 고개를 한껏 뒤로 젖히고 천장 벽화에 경의를 표한 후 성당을 나서서 한 블록쯤 걸으면 또 다른 성당B가 눈에 들어오기 시작한다.

성당 이곳저곳을 열심히 돌아본 후 길을 나서면 머지않은 곳에 또 다른 성당C가 보인다.

성당, 성당, 성당...

나중에는 성당이고 뭐고 다 귀찮아지면서 숙소로 빨리 들어가 샤워를 한 후에 소파에 앉아서 시원한 맥주라도 한 잔 들이켜고 싶은 심정일 것이다.

소위 '성당 피로 증후군' 때문이다.

마찬가지로 알래스카의 멋진 빙하를 마주하면서도 조금 시간이 지나면 빙하에 대한 감정이 금방 시들해져버린다.

여행자들은 신이 인간에게 내린 자연을 음미하는 시간보다는 서둘러 인증 샷 몇 장을 더 찍는 것에 더 몰입하는 경향을 보인다.

그렇다면 직장에서 눈치를 봐가며 어렵게 휴가를 내어 비싼 비용을 들여 이렇게 멋진 곳까지 왔는데 왜 여행을 떠나기 전의 감흥이 이렇게 순식간에 사라지는 것일까?

보통 여행을 떠나기 전에 마음에 품었던 기대치가 현장을 보는 순간 극대화 과정을 거친 후 정점에서 바람이 빠진 애드벌룬처럼 금방 힘없이 쪼그라드는 이유는 사람들 마음에는 그 풍경을 대체할 또 다른 새로운 것을 좇는 욕구가 강하게 지배하기 때문이다.

여행을 떠나기 전에 준비하며 기다리는 시간 자체는 즐거움의 연속이다.

혹시 일 때문에 국내에 묶여 장기 여행을 갈 수 없는 형편에 있는 대부분의 사람들은 전업으로 몇 년씩 세계여행을 다니는 전문 여행가와는 추구하는 방향이나 처해있는 상황이 너무 다르기에 본인들 사정에 맞춰 여건이 허락하는 대로 단기 여행이나마 가끔 떠나는 것도 행복을 배가시킬 수 있는 좋은 방법 중의 하나이다.

즉, 짧은 여행이라도 여러 번 가게 되면 여행에서 느낄 수 있는 행복의 총합이 극대화 될 수 있다는 의미이다.

예를 들어 당신이 조만간 쿠바에 가게 된다면 누구나 그러듯 우선 여행지, 날씨, 숙소, 음식, 현지 문화, 역사, 언어 등에 대한 조사를 열심히 하게 될 것이다.

그러고는 에메랄드 빛 카리브 해, 따스한 햇살, 생기 넘치는 노천카페, 모히또의 유혹 등등 현지에서의 환상적인 여행을 꿈꾸며 설레기 시작한다.

그러나 이러한 기본적인 여행정보 수집 이외에 여행 출발 전 여행을 통해 무엇을 얻고, 그것을 통해 여행 후의 삶의 방향은 어떻게 설정할 것인가에 주로 초점이 맞춰져있다면 여행지에서 느끼는 그 허무함이 덜해진다.

여행의 즐거움 중 상당 부분은 기대감 속에서 잉태한다.
물론 기대감이 균형을 이뤄야하는 것이
핵심임은 더 말할 나위가 없다.
기대감이야말로 여행,
더 나아가서 인생 경험의 하나로 꼽을 수 있는 핵심 요소이다.

불확실성과 두려움 극복

 많은 사람들이 여행 계획을 다 잡아놓고서는 막상 여행 출발일이 다가오면 복잡한 생각들이 서로 뒤엉켜 마음속을 헤집는 경험을 많이 했을 것이다.
 현지 국가를 처음 가는 경우에는 더욱 더 그 심정이 착잡해진다. 불안감과 안달이 극에 달한다.
 내가 없는 사이 친척 집에 맡긴 강아지와 고양이는 관리가 잘 될까?
 카드 값과 각종 공과금은 은행 계좌에서 제대로 빠져나갈

까?

회사 동료에게 인계한 일은 제대로 잘 하고 있을까?

여행 중 혹시 중요한 연락이라도 오면 어떡하지?

굳이 이 여행을 떠나지 않아도 인터넷이나 TV 여행프로그램을 통해서 편하게 즐길 수도 있지 않았을까?

일기예보를 보니 여행 기간 중 날씨가 매우 좋지 않은데 여행을 해도 괜찮을까?

여행 가면서 누구나 한번쯤은 걱정했을 법한 내용이다.

심지어는 여행을 떠나왔는데 주방의 가스불은 제대로 끄고 왔는지 걱정하느라 여행 기간 내내 풍경은 눈에 들어오지 않고 집 주방의 가스불만 생각났다는 어떤 주부 여행자의 일화도 있다.

여행에의 몰입을 방해해서 결국은 판을 깨는, 서로 아무 관련성도 없는 불안감과 온갖 걱정거리는 집에다 다 내려놓고 왔어야 하는데 그것은 이곳까지 끌고 온 본인의 업보이기에 어느 누구도 도와줄 수 없다.

여행 중 여행을 방해할 만한 걸림돌이나 스트레스를 만들지 않기 위해서는 당연히 여행 출발 전에 꼼꼼히 확인해서 그 원인을 제거해야 한다.

카르페디엠 Carpe diem

여행 중에는 변화무쌍한 날씨, 이동 수단, 음식, 숙소, 체력 등의 또 다른 변수가 지뢰처럼 보이지 않게 도사리고 있기에 여행 출발 시부터 집에 무사히 귀가하는 순간까지 한시도 긴장의 끈을 놓을 수 없다.

여기에 더해 사람의 마음은 시시각각 천국과 지옥을 오가며 요동치곤 한다.

이 모든 것은 나만의 고유한 본질을 발견하는 일 자체가 어렵기 때문에 발생하는 일이다.

제한된 시간 내에 많은 것을 보고 돌아가려는 여행자들의 습성 상 같은 장소라도 시간의 변화에 따라 그 느낌이 달라지지만 항상 지금이 가장 좋은 때라고 생각하는 연습을 하자.

결국 주사위가 던져져서 본인들의 결정에 따라 이미 완전히 풍미가 다른 이역만리 낯 설은 곳까지 왔으면 모든 것을 그냥 내맡기자.

그리고 그냥 눈에 보이는 것을 음미하면서 즐기자.

산더미같이 쌓여있는 이런 저런 걱정들은 어차피 본인이 집에 도착해야 해결 될 일들이니까 여행을 마치고 집에 돌아가는 비행기 안에서 걱정하더라도 충분하다.

여행자들은 여행 당일의 긍정적인 면, 부정적인 면 등을 오롯이 자기가 살아온 직관과 경험적 정서에 근간을 두고 하루하루를 알차게 보내면 된다.

이렇게 하다보면 여행에 대한 불확실성과 두려움 역시 눈 녹듯이 마음속 깊은 곳으로부터 점차 사라져버릴 것이다.

대부분의 여행자들이 비록 지난 여행에서 엄청 고생했더라도 시간이 흐르면서 좋은 면은 계속 기억의 편린으로 남아있는 반면에 나쁜 면은 잘 기억을 못하는 것은 뇌에서 부정적인 부분은 점차 망각하게 하는 신체의 시스템 때문이라고 한다.

지난 번 여행에서의 끔찍한 경험도 좋은 방향으로 서서히 왜곡되어 나중에 다시 그 당시를 떠올렸을 때에는 장밋빛으로 물든 좋은 추억으로 기억되기에 내가 다시는 여행을 가면 성을 간다, 라는 분노 섞인 감정도 점차 누그러지면서 또 다른 다음 여행을 설렘을 가지고 기대하게 되는 것이다.

여행의 스트레스를 훌훌 털어버리고 각자의 아름다운 추억이 깃든 특별한 순간을 만드는 것이 바로 여행의 매력이기도 하다.

즉 진정한 여행을 즐기고 싶다면 자기 자신이 갖고 있는 모든 부정적인 생각을 밀어내는 노하우 하나쯤은 평소 알고 있어야한다는 의미이다.

이 여행에서 무엇을 얻고 싶은가?

이 여행이 왜, 어떻게 나의 인생 깊숙이 파고 들어와 자리했는가?

이 여행에서 추억을 담을 수 있는 마음의 그릇은 잘 준비되어있는가?

스스로 차분히 반문해보자.

여행 10

여행에도 고수들만이
갖는 숨은 기술이 있다

어디로 가야 하나

　사람들은 여행 준비를 하면서 새로운 곳에 대한 환상, 경이 등으로 가슴이 설레다보면 정작 중요한 것을 빠뜨리곤 한다.
　행복한 여행을 결정짓는 많은 요소가 있지만 그 중에서 한 가지를 들자면 어디에 가 있을까가 바로 그 핵심이다.
　사실 아직 가보지 않은 여행지에 대해 미리 정보를 수집하고 비행기, 숙소, 교통편 등을 예약하고 꼼꼼히 확인했다하더라도 여행지에서 예상치 않은 일들에 휩싸이는 경우가 종종 발생한다.

새로운 여행지라는 미래의 장소에서 무엇이 필요하게 될지, 또한 그곳에서 예상치 못한 일이 닥치면 어떻게 극복해야 할지는 타임머신을 타고 직접 미리 그 시간대에 그곳에 가봐야만 알 수 있는 일이기에 여행을 떠나기 전에 생각이 다소 복잡해질 수밖에 없다.

앞에서도 언급했듯이 실제로 비행기 연착, 여행 짐 분실, 기타 사고 등으로 점철된 여행 경험담은 SNS에 그 내용이 잘 올라오지 않기에 여행에서 무슨 일들이 일어나는지에 대해 잘 모르는 경우가 많다.

대신에 여행자들은 이번 여행에서 에메랄드 빛 바다를 보며 연인과 서로 손을 맞잡고 해변을 걷거나, 피톤치드로 가득한 국립공원 숲을 탐방해서 조용하게 삼림욕을 하거나 아니면 스키장에서 눈이 부실 정도의 하얀 눈 위를 스키를 타고 내달리는 그러한 황홀한 상상에 몸을 내맡기곤 한다.

그러나 이것만은 꼭 이야기 하고 싶다.

현실과 상상과의 괴리가 크면 클수록 여행이 불행해질 확률이 매우 높아진다.

그렇다면 그 괴리를 조금이라도 줄이려면 어떻게 해야 할까?

타인이 아무리 좋아하는 여행지라 하더라도 본인 성향에 맞지 않으면 정작 그 여행지에서 특별한 여행의 추억을 만들어낼 수 없다.

이 경우 내면의 소리에 가만히 귀를 기울여 본인이 왜 이곳을 선택했는지에 대한 해답을 얻은 후 마음이 가는 곳으로 여행지를 선택하면 된다.

예를 들면 동적, 정적 활동 중 어느 것을 더 중시하느냐에 따라서 여행지가 결정되는 것처럼 말이다.

지금 이 순간이 너무 아쉬울 정도로
멋진 여행의 추억을 만드는 책임은
전적으로 본인에게 있다.

현명한 지출 전략

 사람들은 각자 자기 자신의 환상을 얻기 위해 많은 돈과 시간을 들인다.

 여행이 바로 그 경우이다.

 먼저 행복을 돈 주고 사는 과정인 여행에 있어서 행복과 돈 사이의 복잡한 관계를 어떻게 풀어나가며 여행을 할 것인가, 우리 모두의 숙제이다.

 따라서 여행 경비 지출에 대한 심리적 압박을 어떻게 절제하며 대응할 지를 사전에 점검하고 철저하게 계획해야한다.

 충동에 의해 무절제하게 카드나 현금을 펑펑 쓰게 되면 여

행이 끝나갈 무렵 곧 집으로 날아올 카드청구서나 은행잔고가 자꾸 아른거리면서 신경이 쓰이게 된다.

더 나아가 돈을 많이 썼다는 일종의 죄책감마저 마음속으로 파고든다.

이 경우 현실적인 부담감 때문에 '행복한 여행'이라는 처음 목표는 온데간데없이 눈 녹듯 사라져버리게 된다.

빠듯한 예산이라고 여행의 재미를 막지는 못한다.

반대로 풍족한 예산을 여행에 썼다고 해서 반드시 여행이 빛나는 것은 아니다.

여행 11

당신의 여행 스타일은

여행스타일

혼자 여행이든 단체 여행이든 단조로운 일상에서의 탈출과 휴식을 위해 떠나지만 그 여행을 풀어가는 방식에서 서로 다른 스타일 때문에 여행 중 음미할 수 있는 정도나 깊이도 다르고 여행 후 마음에 남는 잔상 역시 색깔이 달라진다.

사람들마다의 특성, 성격, 자라온 환경, 교육 수준, 소득 등 그 스펙트럼이 천차만별 다양하기 때문에 혼자 여행과 단체 여행 중 어느 것이 더 이상적인 여행이라고 단언하기에는 어려운 측면이 있다.

어떤 형태의 여행이든, 아무리 백만장자라 하더라도 가질 수 없는 마음의 자산인 자유를 마음껏 만끽하며 무사히 여행을 마치게 되면 바로 가슴속 깊은 곳으로부터 뿌듯함과 자신감이 올라오게 된다.
　이는 향후 험난한 인생을 살아가는 데 있어서도 훌륭한 밑거름이 되고도 남는다.
　그렇지만 한 가지 꼭 집고 넘어가야할 것은 여행 스타일을 떠나서 이제는 유명한 관광지를 잠깐 찍고 돌아오는 여행 스타일에서 좀 벗어나야하지 않을까?

단체여행

 여행사가 기획한 단체 여행은 잘 알다시피 혼자서 하는 여행보다는 가이드가 안내하는 시스템으로 짜임새가 있기 때문에 좋은 호텔에 묵으면서, 입맛에 맞는 좋은 음식을 맛보며, 편안한 운송 수단을 이용해 일정표에 나와 있는 여행지까지 안전하게 갈 수 있는 장점이 있다.
 그러나 이 경우 여행 자체가 일상의 연장이 될 수 있음을 마음속에 되새기자.
 가이드가 안내하는 대로 필수 여행코스를 찍고 다니는 백화점식 스케줄을 소화하다보면 여행이 막바지로 갈수록 여행

지로 이동하는 버스에서는 피곤에 찌들어 꾸벅꾸벅 졸거나 여전히 비몽사몽 상태의 게슴츠레한 눈을 하는 경우가 생기게 된다.

함께하는 여행에서는 아무리 서로 마음이 잘 맞는다 하더라도 긴장이 발생할 가능성은 얼마든지 상존한다.

낯선 사람과 숙소에서 한 방을 같이 쓰게 되면 시간이 흐름에 따라 이러저러한 스트레스를 받아 아주 사소한 문제들로 쉽게 갈등을 일으키면서 평소 본인들이 습관처럼 하던 행동들이 통제가 되지 않은 채 상대방에게 여과 없이 터져 나와 '여행 동반자' 라는 일종의 그 관계마저도 무참히 깨져버리는 경우를 종종 보곤 한다.

더군다나 여행사에 이미 상당한 비용을 지불한 상태에서는 이번 여행에서 반드시 본전을 뽑아야 한다는 압박감이 마음을 항상 바쁘게 재촉한다.

결국 단체여행에서 느끼는 세상에 대한 반응은 함께 가는 사람들에 의해 어쩔 수 없이 결정되기 때문에 자기 혼자만의 소중한 추억을 만들어낼 수 있는 시간이 적을 수밖에 없다.

여행은 다양성을 포용하는
마음의 자세를 잉태시킨다.

혼자여행

　지적인 호기심이 많고, 독창적이며, 상상력이 풍부하며, 사람들과 친화적이며, 개방적인 외향적인 성격을 보유한 사람들은 혼자 배낭여행을 하면서 새로운 것을 추구하는 모험 지향적이기 때문에 대체로 사람들에게 잘 알려지지 않은 여행지를 찾곤 한다.
　혼자 여행을 즐기는 사람들은 여러 명이 한 방을 같이 나눠 쓰는 저렴한 게스트하우스에 머무르면서 골목 어귀에 있는 허름한 식당을 찾아 이국적인 현지의 정통 음식을 맛보며, 옆에 있는 현지인들과도 직접 부딪치면서 어눌하지만 용기 있게 현지어로 그들과 직접 소통하려는 모습을 보인다.

이들은 어떤 측면에서는 똑같이 주어진 시간을 다르게 쓰는 법을 알기에 여행을 통한 힐링보다는 도전과 모험을 더 중시하려는 경향이 강하다.

최근 여행사의 도움을 받지 않고 본인이 직접 기획한 '나 홀로 여행'이 폭발적으로 증가하는 이유는 과연 무엇일까?

그 이유는 혼자 여행의 경우 본인이 진정 원하는 것을 누구의 시선에도 아랑곳히지 않고 아무 제약 없이 자유롭게 보고 느낄 수 있어 '진짜 나다운 느낌'을 만끽할 수 있다.

본래의 자아를 찾고 정신적인 성숙을 추구하기 위해 오롯이 본인에게만 몰입할 수 있는 시간과 공간을 확보하는 것이야말로 진정한 여행을 위한 첫 단계임은 누차 설명해왔다.

여행 중 스스로에게 수많은 질문을 던지고 답을 찾으면서 인생의 가치에 대해 깊이 생각할 수 있는 혼자만의 시간을 갖는 것은 혼자 여행의 하이라이트이다.

혼자서 여행을 하니까 자기 자신의 마음에 더 귀를 기울일 수 있고, 정말 좋아하는 것들이 무엇인지 행복한 고민을 하게 되고, 마음이 끌려 머물고 싶은 곳에서는 시간에 전혀 구애받지 않고 있고 싶은 만큼 있을 자유도 한껏 누릴 수 있다.

결국 나 자신으로부터의 자유인 셈이다.

최근 연구 결과에서도 혼자 여행한 사람이 함께 여행한 사람들보다 여행 후에도 여행의 영향을 오랫동안 받았다는 점은 눈여겨 볼만하다.

다만 여행을 혼자 하는 경우, 정말로 하고 싶은 것을 남의 도움 없이 혼자서 해낼 수 있는지 그리고 더 나아가서 바위같이 거대하고 묵직한 침묵의 시간을 혼자서 묵묵히 견뎌낼 수 있는 지 등의 숙제를 풀어야한다.

혼자서 항공권 예약부터 숙소, 식사, 이동수단 등 여행을 떠나서 귀국할 때까지 모든 것은 처절한 자기와의 싸움의 대상이다.

가끔 지극히 낙관적인 예상이 여지없이 짓밟혀 산산조각이 나는 것이 바로 여행이기 때문이다.

자유로운 여행

30여 년 전, 알프스 산맥을 넘어 이탈리아로 넘어가는 밤 열차를 탄 적이 있었다.

서로 붙어있는 6인실 침대칸에 탔는데 처음에는 옆 자리가 비어서 혼자서 편하게 꿈나라에 빠져들었다.

중간에 누군가 문을 요란하게 두들겨 깜짝 놀라 잠이 깼다. 유리창으로 밖을 확인하니 열차승무원이 검표를 한다고 문을 열어달라고 소리치고 있었다.

승무원이 검표 후 옆 객실로 자리를 옮기고 난 후 조금 있으니까 태어나서 처음 보는, 세계 각지에서 온 낯선 사람들이 차례차례 내 옆 자리에 앉았다.

당시 잠에 푹 빠지면 승객을 가장한 도둑들이 호주머니까지 싹 털어간다, 는 말을 들었던 터라 어떤 일이 발생할 지에 대한 두려움과 공포감이 서로 뒤섞여 스멀스멀 정수리를 타고 올라왔다.

이때부터는 비몽사몽 잠을 청하면서도 모기만한 소리만 들려도 벌떡 깨서 가슴에 부둥켜안고 있는 배낭을 눈으로 보고, 손으로 직접 만져가며 아무 이상은 없는시 확인했던 기억이 떠올랐다.

2011년 1월, 시리아의 수도 다마스쿠스로 가기위해 요르단의 수도 암만에서 국경을 넘나드는 택시인 '세르비스' 영업장을 찾았다.

이곳에 도착하니 영업장 창문에는 각 나라 도시 행선지 이름이 아랍어로 어지럽게 쓰여 있었다.

이곳에서 약 30분 정도 기다리자 나 포함 4명의 승객들이 모여 택시에 몸을 싣고는 다마스쿠스로 출발할 수 있었다.

　태어나서 처음 와 본 이곳에서 생면부지의 아랍 남성들과 같이 같은 택시를 타고 이 깜깜한 야밤에 시리아 국경으로 향하게 되었다.

　가는 도중에 신변에 무슨 일이 일어 날 수도 있지 않을까, 하는 막연한 두려움이 앞섰지만 아랍국가에 온 이상 이 모든 것은 인샬라!(신의 뜻대로)라고 여겼다.

　비좁은 택시 뒷자리에서 양 쪽으로 구레나룻을 한 건장한 아랍 남성들 사이에서 다리도 제대로 피지 못한 채 택시에 몸을 내맡겼다.

　택시는 사정을 아는지 모르는지 깜깜한 밤의 적막을 가르며 열심히 시리아 국경을 향해 내달렸다.

　밤 9시쯤 요르단의 수도 암만을 떠난 택시는 깜깜한 밤을 뚫고 두어 시간을 질주한 후에야 시리아 국경에 무사히 도달할 수 있었다.

　전 세계 베스트셀러 작가인 알랭 드 보통은 자신의 저서 [여행의 기술]에서 '타인의 시선으로부터 자유로울 수 있는 혼자 여행'을 극찬했다.

그의 말처럼 혼자 낯선 곳을 여행하면서 당연히 해야 하는 것(must-do)들로부터 자유로워졌을 때 사람들은 비로소 자신의 본래 모습과 마주할 수 있다.

이 책의 영향을 많이 받아서였을까 ….

여행노트 기록을 찬찬히 살펴보니 지금까지 다녀 본 100개국 이상 중 약 90프로는 순수하게 혼자 기획하고 홀로 다녀온 여행이었다.

인생을 살아오면서 내 자신에 대한 정체성 혼란에 빠질 때에는 혼자서 배낭 하나 달랑 메고 예측할 수 없는 신세계로 여행을 떠나곤 했다.

홀로 여행하는 횟수가 늘어날수록 내가 무엇을 해야 하는지를 조금이나마 알게 되는 것 같았다.

그렇다면 혼자 여행을 하기에 적합한 여행지는 과연 어디일까, 라는 질문이 하나 남게 된다.

우선적으로 혼자 여행을 하는데 있어 고려되어야 하는 가장 큰 요소는 자기 자신의 취향이다.

남들이 좋다고 해서 나에게도 좋으리라는 법은 없다.

다만 혼자 여행하다보면 무엇을 먹고, 어느 곳에 머물고 어디를 갈지 등등 선택의 기로에 서는 순간이 수시로 찾아온다.

이 경우 평소 뚜렷한 자기 나름대로의 기준을 가지고 여행한다면 시행착오가 최소화 될 수 있다.

그러나 늘 여행을 꿈꾸면서도 막상 출발을 앞두고는 망설이게 되는 이유는 무엇인가, 무엇이 두려운가?

혼자 여행을 할 경우 밀려오는 고독감이나 소외감이 문제가 되는가?

자기 자신을 찾아가는 삶의 여정에서 삶의 나침반 바늘이 현재 어디를 가리키고 있는가?

여행자들은 '찰나'를 차곡차곡 주워 추억을 잉태한다.

'찰나'는 눈 깜짝 할 사이를, '순식간'은 숨 한번 쉬는 시간을, '겁'은 약 4억년 이상 긴 시간을 뜻한다.

약 500겁의 인연이 있어야 옷깃을 스친다는 인연법에 따라 우리가 태어난 이 세상은 엄마 품을 떠난 이후부터는 결국 혼자 떠난 여행인 셈이다.

여행 12

슬로우 트래블은 무엇을 지향하나

잠시 쉬었다 가기

 이 세상 모든 사람들은 자기 고유의 삶의 방식이 있다.
 인생을 살면서 어느 순간 혹시 무엇인가 잘못 흘러가고 있다고 느껴진다면 망설이지 말고 과감히 그 자리에 멈춰서 쉬어 가자.
 그러한 느낌이 온다는 것은 자기가 살아온 인생을 결정짓는 마디마디를 점검해야할 때라는 신호이다.
 사람들이 이제는 쉬어가야겠다, 라고 크게 마음먹고 평소 꿈꿨던 여행을 잘 마무리 해보려고 시도해보지만 생각처럼 잘되지 않는 이유는 너무 성급하기 때문이다.

　힘들게 여행을 떠났지만 여행지에서도 평소와 같은 속도로 호흡하기에 결국 여행이 끝나기도 전에 이미 진이 다 빠져버려 스스로 지쳐 나가떨어지는 사례가 부지기수이다.

　여행의 목표도 없이 여행을 떠난 경우 더 많은 실패담을 전해 듣는다.

　곳곳에 위험이 뱀처럼 똬리를 틀고, 수십 갈래로 갈리는 여행길은 그저 고되게 느껴지기 마련이다.

　힘겹게 지나왔던 인생살이가 마치 여행시에서 낑낑대며 끌고다녔던 무거운 여행가방 같다는 생각을 해본 적 있는가?

　지금까지 살아오면서 얼마나 많은 세월을 앞만 보고 달려왔던가?

　직접 발로 세상을 느낄 겨를도 없이 잠깐의 여유조차 사치로 여기며 남에게 뒤처지지 않으려고 아등바등 살아오지 않았던가?

　'폴레폴레'라는 말이 있다.

　이것은 동아프리카에서 널리 사용하는 스와힐리어로 '천천히'를 뜻하는데 '미완성의 공백'을 의미하기도 한다.

천천히 여행하면서 순간순간마다 생생하게 포착된 삶의 편린들을 모아서 내면의 '또 다른 나'를 맞이하도록 하자.

'여행'이라는 단어 자체는
'출발'의 의미를 담고있다.

느림의 미학

 마음 내키는 대로 멈추고 싶을 때 멈추고, 가고 싶을 때 가는 '슬로우 트래블slow travel'은 기존의 제한된 시간 내에 최대한 많이 보는 여행을 지양하기에 진정한 자아를 찾는 여행으로서 최근 많은 각광을 받고 있다.
 숙소를 한 곳에 정한 후 이 골목 저 골목 '길을 잃을 자유'를 누리며 안개처럼 그냥 바람결을 좇아 흘러 다니거나,
 눈부신 햇살을 받으며 자전거를 타고 목적지 없이 달려보거나,

지역 주민들과 현지 언어로 떠듬떠듬 대화를 시도해 보거나, 코끝을 자극하는 현지 음식의 고유한 향취를 느끼며 먹어보는 등 양보다는 질적인 선택을 통해 그 지역의 고유한 냄새, 색깔, 속살을 알아보면서 그 동안 일상에 찌들어 죽어있던 온 몸의 감각을 되살려내는 여행 스타일 ….

  듣기만 해도 벌써부터 마음이 설레지 않는가?

  싱그럽고 투명한 아침 공기,

  따스한 햇살,

  오밀조밀한 이야기를 그려내고 있는 것 같은 동화마을,

  마을 어귀에 자리한 조그만 노천카페,

  주문한 커피에서 올라오는 향긋한 커피 향,

  오븐에서 막 끄집어 낸 구수한 빵 냄새,

  카페 입구에 놓여있는 현지 언어로 인쇄된 지역 신문,

  잘 알아듣지는 못하지만 옆 자리에 앉아있는 손님들이 거침없이 나누는 수다 등을 몸으로 차분하게 받아들이다보면 자기도 모르게 어느새 흐뭇한 미소가 입가에 번지기 시작한다.

땅거미가 어슴푸레 지기 시작하는 저녁 어스름이 되면 인근 바닷가 해변에 가서 파도 소리를 벗 삼아 산책을 하고, 밤에는 타닥타닥 타들어가는 모닥불을 보면서 그동안 숨 가쁘게 달려온 자신을 가만히 연기 속으로 놓아주는 모습을 상상하는 것은 어떨까?

진정한 슬로우 트래블을 음미하려면 무엇보다도 느긋하게 관조할 수 있는 태도가 필수적이다.

다른 여행자들이 몇 개 나라를 더 방문할 수 있는 기간 동안 흔들리지 않고 여행자들이 별로 찾지 않는 외딴 시골 같은 곳에 한동안 머물 수 있는 용기마저 필요로 한다.

지금의 경험을 위해 그동안 자기 발목을 잡아왔던 그러한 부질없는 걱정 따위는 다 잊어버리고 그저 '지금 이 순간'을 몰입해서 음미하면 된다.

목표에 도달하기 위해 숨이 턱까지 차오를 때까지 안달복달하던 일상을 벗어나 뒤를 쫓는 것도 또한 쫓아가야 할 것도 없으니 모든 걱정의 족쇄로부터 자유로워진다.

천천히 호흡하면 시간도 덩달아 느려진다.

세상은 나 없이도 자기만의 방식으로 잘 흘러가기 때문에 평소처럼 병적으로 안달복달하는 것은 삶을 영위하는데 있어서 지극히 소모적이다.

그런데 문제는 이론상으로는 이것을 실행하기가 쉬울 것 같으면서도 실제로는 실천하기가 무척 어렵다, 라는 고백을 여러 여행자들로부터 듣곤 한다.

그럼에도 불구하고 여행자의 시계를 최대한 늦추고 잘 알려지지 않은 공간들을 찬찬히 놓아보면 평소 보이지 않던 내면 깊숙한 곳까지 마술처럼 보이기 시작한다.

나만의 속도로 시간을 뛰어 넘으며 이렇게 여행 중 직접 겪은 경험들은 신이 내린 축복처럼 그 진가를 발휘하기 시작할 것이다.

마법의 여행

10여 년 전 인도에서 겪었던 일이다.

뉴델리에서 다음 날 아침 8시에 타지마할의 도시 '아그라'로 향하는 버스를 예약했다.

아침에 일찍 일어나 숙소 앞에서 버스를 기다렸는데 시간이 되어도 버스는 오지 않았다.

버스가 늦는 만큼 내 여행 일정이 전부 틀어져버리기에 내 속은 타들어만 갔다.

한 시간, 두 시간 계속 기다려도 버스는 모습을 나타내지 않아 숙소에 다시 들어가 여행사에 전화를 걸었더니 곧 버스가 도착할 것이라는 답변이 돌아왔다.

숙소 주인에게도 하소연을 했더니 아주 태연한 표정으로 걱정마라, 는 말만 되풀이 했다.

숙소 앞 차가운 시멘트 바닥에 털썩 주저앉아 멍하니 하늘만 쳐다봤다.

마침내 버스가 도착했다. 시계를 보니 출발 예정 시간인 8시에서 4시간이나 훌쩍 지나버린 12시가 다 되었다.

버스에 오르니 여행사가 안내서에 소개한 호화 버스가 아닌, 굴러가는 게 신기할 정도로 노후화된 버스였다.

버스 안에는 버스에 오르는 내 모습을 호기심으로 빤히 쳐다보는 현지인들 몇몇이 타고 있었고, 버스 뒤편으로는 베니어합판으로 얼키설키 칸막이를 한 침대칸도 보였다.

버스는 중간에 가다 서다를 반복하며 무사히 아그라에 도착하였지만 자그마치 버스가 4시간이나 연착이 되는 바람에 마음이 무척 바빠졌다.

시커먼 매연을 뿜으며 사정없이 달리는 오토릭샤, 서로 뒤엉켜 있는 무리의 사람들, 거리 아무 곳에나 털썩 앉아있는 소, 길거리 곳곳에 쌓여있는 동물 배설물 등 이 모든 것을 있는 그대로 받아들이는 인내가 필요했던 인도에서의 느릿느릿한 여행은 당시 다시는 이곳에 오지 않겠다, 라는 각오를 하게 만들었다.

  그러나 점차 시간이 지나면서 이러한 생각은 눈 녹듯 다 사라지고 지금은 아련한 추억으로 마음 한 구석에 큰 자리매김을 했다.

  이렇게 시간의 개념이 없는 나라에서 생고생을 했지만 다음에 기회가 되면 또 가 봐야지, 라면서 호기심과 애정을 가지고 지금 다시 여행 계획을 짜는 내 모습을 보면 참으로 알 수 없는 묘한 '느림의 미학을 지녔던 마법의 여행'이었던 것 같다.

느림의 미학

  선진국이든 후진국이든 일단 그 나라 땅을 밟으면 특유의 이국적인 향기가 폐부로 확 들어오는 것을 느끼게 된다.
  여행 중 땅을 밟고 서있는 나 역시 그 소중한 느낌을 최대한 만끽하기 위해 눈까지 지그시 감으며 한동안 자리에 서서 그 순간을 음미했던 경험이 뇌리에 떠오른다.
  더 나아가 시간에 구애받지 않고 가다 서다를 반복하는 버스나 기차 등을 이용하면 차창을 통해 서서히 다른 모습으로 다가왔다가 이내 사라지는, 있는 그대로의 풍경은 어릴 적 낭만으로 가득했던 추억을 소환하면서 동시에 여행의 정취를 풍성하게 해준다.

이런 슬로우 트래블은 여행자들로 하여금 긴장을 풀고 편안하게 주위를 둘러보면서 순간순간을 즐길 수 있어 심적으로 편안한 감정을 유지시켜준다.

더군다나 여행 중 버스나 기차 등 대중교통을 이용하면서 처음 만난 옆자리 승객들과 누구나 쉽게 허심탄회한 세상이야기를 나눌 수 있다는 장점이 있다.

여행을 떠나면서 왜 떠났는지, 그곳에서는 무엇을 해야 하는지 등등에 대한 생각을 항상 반추한다면 비록 굼벵이처럼 여행의 속도가 느리더라도 결국에는 자기 자신이 설정한 여행의 목표를 무사히 달성하게 된다.

인생에서도 마찬가지다.

우리는 항상 무엇인가 지나친 긴장감과 압박감이 생활화된 일상에 적응하며 살아오고 있다.

이제 단단히 무장한 마음의 빗장을 열고 따스한 눈빛을 지닌 열린 눈으로 찬찬히 여행을 음미해보자.

그렇게 하면 그동안 마음 한 구석에 납덩이같이 무겁게 자리한 번민이나 근심 등이 조금씩 사라지면서 비로소 지금까지의 삶에서 정말로 중요한 것과 중요하지 않은 것을 구별할 수 있는 능력이 생기기 시작한다.

인생에서 사소하지만 행복의 뿌리를 찾기 위해 잠시 삶의 속도를 늦추고 조절하면서 '느림'을 추구하다보면 자기 마음 속 깊은 곳에 숨어있는, 스쳐 지나갔던 '또 다른 나'를 발견하게 된다.

비록 당시에는 여행을 간다는 것이 타인의 시각에서 보면 사치처럼 보였어도 궁극적으로는 '소확행(소소하지만 확실한 행복)'을 가져다준 사실은 동서고금을 막론하고 불변의 진리이다.

더 나아가 여행 자체는 평생 동안 지속되는 소중한 마음의 자양분이 되어 삶 자체를 열린 마음으로 볼 수 있는 통찰력이 생기게 하며 삶의 섭리를 있는 그대로 받아들이는 자세를 배우게 한다.

여행 13

틈틈이 여행을 기록하라

여행의 기억

모든 여행은 누구에게나 잊지 못할 추억을 남긴다.

혹시 여행을 하다가 숨이 막힐 것 같은 웅장한 자연 경관이나 눈이 시리도록 아름다운 풍경 등을 보면서 숨죽이고 감탄을 한 적이 있는가?

아니면 사진기부터 꺼내들고 그 경관을 사진에 담는데 몰입하느라 제대로 감상할 수 없었는가?

대부분의 여행자들은 지금 자기 앞에 펼쳐진 아름다운 경치에 몰입하면서 음미하는 대신에 황홀한 착각 속에 그 경치를 담느라 카메라 셔터를 누르며 온통 시간을 다 써버린다.

사진이란 기록이고 추억이고 그리움이기 때문에 피사체 정면에서 멋지게 찍어야한다고 말하면서 말이다.

그러나 자연의 웅대함과 그 환상적인 아름다움은 아무리 열심히 사진에 담으려고 해도 제대로 다 담을 수 없다.

여행스케줄에 따라 완벽한 여행을 추구하느라 군사 작전처럼 제한된 시간 안에 부지런히 이리 저리 장소들을 옮겨가느라 애쓴 적이 있는가?

이런 여행 같지 않은 '일'은 평상시 신물이 나도록 하지 않았는가?

그래서 그것을 벗어나려고 이렇게 소중한 시간과 돈을 들여 여행을 오지 않았는가?

더 나아가 여행을 떠나기 전에 여행정보를 너무 많이 준비하다보니 막상 여행지에서 실제로 마주했을 때 그 감동이 현저히 줄어드는 것을 느끼지는 않았는가?

이런 방식의 여행은 여행을 있는 그대로 즐기는 것이 아니라 평상시에 신물이 나도록 해왔던 '일' 그 자체로 만들어버리는 우를 범하게 된다.

  1990년 9월, 태국 방콕 공항을 떠나 '로얄 네팔' 항공기로 네팔의 수도 카트만두로 향했다.
  그런데 유감스럽게도 비행기 복도 쪽 좌석에 앉은 탓에 창가를 통해 그 유명한 에베레스트 산을 포함하여 설산인 히말라야 산맥의 웅장한 광경을 보지 못한 것이 무척 아쉬웠다.
  한국의 지방공항 같은 아담한 카트만두 공항에 내리니 계류장에서 소비에트공화국의 붉은 문양이 그려진 '아에로플로트' 비행기가 눈에 띄었다.
  이곳은 아직도 북한의 영향이 많이 남아있다는 이야기를 접하고는 살짝 긴장이 되었다.
  일단 산악인들이 주로 가는 '안나푸르나 베이스캠프'로 가는 일정은 포기하고 대신 카트만두 시내를 둘러싸고 있는 산맥을 따라 2박 3일간 트레킹 코스를 가기로 마음을 정했다.
  덧붙여 영어에 능통한 현지 가이드인 셰르파를 동반하는 조건으로 여행사와 계약을 맺고는 사전에 예약한 게스트하우

스로 향했다.

다음 날 아침, 황금빛 일출이 만들어내는 황홀한 광경이 만년설로 뒤덮인 광대한 히말라야 산맥을 살금살금 넘어 묵고 있는 숙소까지 전달되었다.

오롯이 숨죽인 태초의 소리만이 온세상을 지배하고 있었다.

굴러다니는 게 신기할 정도로 덜컹거리는 트럭 형태의 버스에 몸을 실었다. 항상 그렇듯이 너무 많은 사람들을 짐짝에 태우듯 가다 보니 사람들끼리 숨 한번 제대로 쉬지 못하고 서로 피부를 맞댄 채 목적지까지 가야 했다.

비포장도로를 달릴 때마다 버스가 요동치면서 모든 승객들을 짐짝처럼 들었다 놨다하는 상황이 상당 시간 계속되었다.

저 멀리 동네 어귀에 대나무로 만들어 놓은 그네가 정겹게 마음에 다가왔다.

마침 버스가 지나가자 그네에서 놀던 아이들이 우르르 몰려나와 풀풀거리는 먼지를 마다않고 버스를 쫓았다.

초등학교 때 친구들과 함께 시커먼 매연을 뿜는 버스 뒤를 달음박질치며 쫓아가던 기억이 갑자기 떠올랐다.

천신만고 끝에 2박 3일간에 걸친 트레킹을 무사히 마쳤다.

그러나 그동안 찍은 일회용 필름사진기를 실수로 열다가 빛이 사진기 안으로 들어가 지금까지 힘들게 찍은 사진이 모두 없어질 수 있다는 생각에 갑자기 머리가 하얗게 변했다.

부랴부랴 셰르파에게 2박 3일간의 트레킹 코스 중 주요 장소만 다시 사진을 찍으러 가자고 부탁했더니 내 말을 들은 셰르파의 얼굴이 이내 일그러졌다.

비용을 두 배로 주겠다, 라는 내 제안에 그때서야 그의 얼굴에는 환한 미소가 번져 올라왔다.

강행군에 다리를 거의 끌다시피 지쳐있던 나는 그와 함께 '사진에 반드시 담아야 할 장소'들 몇몇 곳을 부지런히 다시 방문해서 열심히 사진에 담아냈다.

어둑어둑해지기 전까지 열심히 사진을 찍은 후 약 한 시간을 기다려 다시 덜덜거리는 버스에 무사히 올라탈 수 있었다.

땀 냄새와 현지인 특유의 묘한 냄새가 범벅이 된 버스 내에서 사람들과 밀고 밀리는 약 5시간에 걸친 사투는 카트만두 공항에 도착하면서 가까스로 막을 내렸다.

안도의 한숨이 절로 나왔다.

집으로 돌아오자마자 곧 바로 필름 사진을 사진관에 맡긴 후 나중에 찾으러 갔더니 처음에 찍었던 사진들은 마지막 한 장만 흐릿하고 나머지는 모두 무사했다.

결국 멀쩡한 사진을 두고 빛이 들어간 것으로 생각하고 셰르파에게 두 배의 돈을 줘가며 고생고생해서 다시 사진을 찍은 셈이었다.

결론은 마음속에 여행을 오롯이 남기기보다는 나 역시 남들처럼 '인증 샷'을 추억으로 남기기 위한 해프닝이었다.

지금 생각하니 왜, 무엇이 나를 '여행에서 남는 것은 사진밖에 없다'는 생각에 몰입하게 만들었는지 모를 일이다.

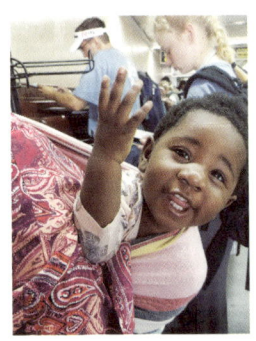

만족한 여행을 위해서는 우선 여행으로부터
무엇을 얻을 것인가부터 정해야 한다.

이국적 정취

 여행 후에는 무엇보다도 여행 당시 맞닥뜨리는 이국적인 현지음식, 이질적인 문화, 웅장한 자연 등에 대한 음미 등 주로 정서적 감각, 공간과 시간에 대한 관점의 변화 등이 여행의 기억으로 자리를 차지하게 된다.
 모처럼 찾아오는 기회이자 또 다시 돌아갈 수 없을지도 모르는 당시 여행에 대한 소중함 속에서 제일 기억이 많이 남았던 키워드 3개 정도 꼽으라면 어떤 단어를 들 수 있을까?
 여행의 기억 대부분을 차지하는 단어는 '경치', '와인', '음식'이라는 연구 결과도 있듯이 그렇게 거창한 것이 아니다.
 결국 시간이 많이 흐를수록 여행에 대한 기억은 그 중에서 가장 빛나는 순간만 남게 된다.
 다시 말하면 여행은 도전과 경이로움이 조화된 완전체이기 때문에 여행의 기억은 뇌리 속에 즐거운 흔적을 남긴다.
 그 흔적의 편린들을 당시 메모장에서 찾아봤다.
 우주 같은 엄마의 너른 품처럼 푸근하게 반겼던 그 추억들은 지금도 가끔 내 앞에 파노라마처럼 펼쳐지곤 한다.

 1995년, 체코를 배낭여행 중이었다.
 먹물처럼 깜깜한 한밤중에 카를 교를 건너니 그림엽서 같은 모습의 블타바 강과 언덕 위에 있는 고색창연한 프라하 성의 화려하고 보석 같은 장엄한 황금빛 야경이 내 혼을 쏙 빼놓고도 남았다.
 보헤미안의 정서가 영혼까지 녹아들어간 시간의 흔적을 구구절절 보는 듯했고 더 나아가 위대한 시간의 노래 소리가 들리는 듯했다.

아련한 노스탤지어를 자극하는 이곳은 처음으로 누구를 그리워하는 법을 가르쳐주었다.

여행지에서는 왜 이처럼 그리움의 감정이 유독 강렬할까?

2011년 9월, 터키의 술탄 아흐멧 지구에 도착했다.

성 소피아 성당, 블루모스크, 히포드롬 광장, 지하궁전, 고고학 박물관 등이 밀집해 있는 곳이라 마음이 한층 부풀대로 부풀어 있었다.

한 치의 오차도 허용하지 않는 기하학적 문양에 더하여 색채 감각이 뛰어난 이 모든 건축물 하나하나를 보면서 할 말을 잃은 채 입에서는 저절로 탄성이 흘러나왔다.

블루모스크 위로는 아직도 잔별들이 희미하게 빛났다.

폐부를 찌르는 맑은 공기, 어디선가 흘러나오는 처연한 '아잔' 그리고 밤새 비가 내렸는지 촉촉이 젖어 있는 돌바닥에서는 차가운 기운이 감돌았다.

모두가 지독히 이국적이었다.

사진보다는 글쓰기

 불쑥 먼 곳으로 여행을 떠났던 대부분의 사람들은 여행 후 당시 사진이나 메모를 보면서 여행 순간을 떠올리거나 여행담을 지인들에게 전달하는 과정에서 행복감을 느끼곤 한다.
 이 소중한 여행의 추억을 분산시키는 방법은 무엇일까?
 그리고 여행 사진과 메모지에 써내려간 여행 단상 이 둘 중에서 어느 것이 더 오래도록 남을까?
 둘 다 여행의 추억을 오래도록 간직할 수 있는 것임에는 틀림없으나 나는 후자를 더 선호한다.
 물론 사진의 가치는 현실을 기록할 수 있다는 데 있다.

보통 서점의 여행서 코너에 빼곡하게 쌓여있는 여행안내서, 여행 웹사이트, SNS 등에 올라오는 사진들을 보면 종종 탄성을 자아내게 하는 풍경 사진 등을 마주하게 된다.

피사체가 속해있는 순간의 특별함을 포착한 온통 환상적이고 '완벽한 여행'의 결과물이 주를 이룬다.

여행 중에 생기는 예측 못한 작은 사건 사고 등으로 고통 당하는 일들이 점철처럼 연이어 발생하지만 사람들이 올리는 여행 사진에서는 그런 흔적들은 눈 씻고 찾아봐도 볼 수 없다.

이 여행을 위해 정말 힘들게 큰 맘 먹고 비싼 비용을 들여 왔기 때문에 굳이 그러한 부정적인 사진들을 올리는 것보다는 위에서 말한 감탄을 연발하게 하는 그러한 멋진 사진들을 공개적으로 올리는 것은 어쩌면 심리적인 측면에서 나는 행복한 여행을 했다, 라는 결론을 염두에 둔 자기 과시 내지는 자기 합리화인지도 모른다.

지금도 SNS 등에 올라온 여행 사진들을 보면 흠잡을 데 없이 멋지고 행복감이 사진 속에서부터 철철 넘쳐 흘러나온다.

지금 이 순간에도 이 사진들을 본 사람들은 여행의 이면에 감춰진 실망스러운 부분은 보지 못한 채 다음에는 이곳에 꼭 가봐야지, 라고 말하면서 자신의 버킷리스트에 올리고 있는 중인지도 모른다.

그러나 SNS에 어떤 사진을 공유해야할지 고민하게 만드는 이러한 생각들은 오히려 마음으로 오롯이 받아들여야하는 여행 자체에 몰입할 수 없게 만든다.

그렇다면 여행 중 시간 날 때마다 메모지에 깨알같이 적어 내려간 여행 단상은 어떨까?

내 경우에는 여행지에서의 시간의 흐름이 사진보다는 글쓰기에 더 적절하다.

여행 중 짬을 내어 나만의 문득 떠오르는 느낌이나 질문을 정리하면서 글을 쓰는 것은 자기 자신의 내면을 성찰할 수 있는 매우 효과적인 방법이다.

보통 여행에서 돌아와 며칠만 지나면 반복적인 일상에 묻혀 여행 중 느꼈던 그 모든 감각들이 잠들어버리기 때문에 여행에서 느꼈던 행복감, 황홀함 등은 유감스럽게도 해변에서 뛰노는 어린아이가 손에 거머쥔 모래알처럼 스르르 빠져나가

며 망각되어진다.

  그래서 잘 쓰고 못쓰고를 떠나 자기 자신의 일기장에 적듯 자기만 알아볼 수 있도록 여행에서 느꼈던 감성을 담담하게 적어내려 간다면 나중에라도 당시 생각, 느낌 등이 생명력 있게 유지되어 언제라도 그것을 소환할 수 있다.

  명승지에서 그 풍광을 음미하며 느낄 여유도 없이 인증 샷을 찍기 위해 사진을 찍기 가장 좋은 위치로 우르르 서로 밀치며 몰려가는 여행자들의 모습은 아주 흔히 볼 수 있는 광경이 되어버렸다.

  특히 값비싼 카메라를 소지한 여행자들은 카메라를 분실하지는 않을까, 또는 이 좋은 카메라로 작가처럼 멋진 사진을 찍어야지라는 강박 관념 등에 온통 신경이 쏠려 있기 때문에 제대로 여행 자체를 즐길 여유조차 없어 보인다.

  사진을 찍어 여행 중 소중한 순간을 놓치지 않으려는 본능적인 욕구가 우선하는, 말 그대로 '사진밖에 남는 것이 없는 여행'이다.

  지금까지 여행하면서 제대로 된 사진기를 들고 여행에 나선 적이 없다.

　소지한 여행 사진들은 스마트폰으로 찍은 것이 대부분. 그나마 여행 사진을 찍는 것은 꼭 필요한 경우로 최소화하고 시간이 날 때마다 여행 중 비행기, 기차, 버스, 여행지, 카페, 숙소 등 장소에 구애받지 않고 주머니에서 메모지를 꺼내 단편적이나마 글을 써 내려가곤 한다.

　결과적으로 나중에 그 내용을 모아 편집을 해서 지금처럼 출간에 이르기도 한다.

　물론 사진작가들의 영혼이 속속들이 반영된 여행 사진을 보면 감탄사가 절로 나오는 것을 부인하기 힘들다.

　그 사진이 인터넷에 올라왔을 경우 그 사진은 디지털 세상에서는 계속 존재할 수 있겠지만 섬세하고도 미묘한 내면 깊숙한 여행 단상을 묘사하는 데 있어서는 아무래도 사진보다는 더 오래도록 마음으로 느낄 수 있는 글로 재현하는 것이 더 적절할 것 같다.

　결론은 여행을 음미하는 확실한 방법 중의 하나가 바로 기록이다.

그래서 나는 여행지에서 하루 일정이 실제로 어떻게 진행되는지 그리고 시시각각 그곳에서 어떤 느낌을 가지게 되었는지 등을 사진에 옮기기보다는 글로 적으려고 노력한다.

여행하면서 바로바로 기록할 수 없을 때는 침대에 눕기 전에 그 날 하루를 마무리하면서 쪽지에 작은 메모를 한다.

그러고는 나만의 기억의 상자 속으로 조심스럽게 밀어 넣는다.

여행 그 자체는 매우 희귀한 경험이고 여행을 마치면 시간적, 물리적으로 빠른 시일 내에 다시 실행할 수 없기에 이를 감사한 마음으로 기록한다는 것은 고해성사와도 같다.

그러나 여행 중 잠깐잠깐 기록할 수밖에 없는 시간적, 물리적 제약을 고려한다면 그 느낌을 주요 단어 또는 헤드라인 정도로만 적어 놓아도 나중에 그 메모를 통해 파노라마처럼 여행의 추억이 주마등처럼 되살아날 것이다.

여행의 추억이 다른 사람의 잣대로 매길 수 없는 그 사람만의 고유한 가치로 가득 채워지는 이유는 사람마다 느끼는 감정의 흔적에 따라 서로 다르게 적히기 때문이다.

여행은 열망을 가지고 떠나야
'그 무엇'을 얻을 수 있다

여행 14

마지막 목표인
행복한 여행을 완성하려면

여행의 지표

 일반 사람들의 버킷리스트를 살펴보면 대부분 상위에 드는 것이 바로 여행이다. 그 여행을 행복하게 하기 위해서는 무엇보다 먼저 즐겁고 의미가 있어야 한다.
 예를 들어 스칸디나비아 반도에 가서 황홀한 매직 쇼 같은 오로라를 보러가거나, 크루즈를 타고 세계 일주를 하거나, 전 세계 대륙을 자동차로 일주하는 등의 여행 목표를 본인의 버킷리스트에 올린다면 어쩌면 사람들의 시각에 따라서는 그것이 매우 부담스럽게 느껴질 수 있다.

그럼에도 불구하고 이 리스트가 여행의 지표 더 나아가 삶의 지표로 여겨지는 것은 어떤 이유에서일까?

흔히들 많은 돈, 시간, 체력 그리고 용기 등을 '행복한 여행의 지표'로 삼곤 한다. 중요한 것은 여행 계획을 세우고 많은 돈을 들였다 하더라도 평소 자신의 우유부단한 성격, 결정력 부재, 게으른 습관 때문에 행복한 여행의 성패가 갈리는 것을 많이 경험했을 것이다. 열린 마음과 강렬한 호기심으로 여행지에 몰입하다보면 보이지 않던 것이 보이기 시작한다.

사람들은 해외여행 중에 현지인들과의 언어소통 문제에 두려움을 갖는다. 그렇다면 여행 전에 틈틈이 학원에서 아니면 독학으로라도 기초 현지 언어라도 미리 습득해보면 어떨까?

현지인과 기초 대화라도 할 수 있다면 그 여행에 대한 몰입 정도와 현지에 대한 동화 적응속도가 더 빨라질 수 있다.

현지에 도착해서 재래시장을 찾아 현지인들이 주로 무엇을 팔고 사는지를 알아보는 재미도 쏠쏠하다.

그곳에서 현지인들에게 직접 물어 '반드시 봐야 할 곳(must-see)', '반드시 해야 할 것(must-do)' 등의 생생한 정보를 얻는다면 여행의 결이 한층 달라진다.

여행을 하면서 웅장한 자연을 추구한다든지 음악, 미술 같은 예술을 접했을 때 마음속에는 일종의 경외심이 생기기 때문에 여행 일정에 이를 음미할 수 있는 기회를 한번쯤 만들어보는 것은 어떨까?

이밖에 '어떻게', '누구와 함께' 여행을 가는가? 등의 요소도 순차적으로 마음에 미리 담아두고 같은 방법으로 자신에게 반복해서 반문하다보면 행복한 여행에 한 발짝 더 다가갈 수 있는 해결책이 쉽게 뇌리에 떠오르게 될 것이다.

행복한 여행을 완성할 수 있는가, 라는 관점의 변화라는 마음가짐의 문제이기 때문에 몇 번을 곱씹어 봐도 결국 우리 안에 해답이 있다는 점을 강조하고 싶다.

햇살 한 줌과 바닷가의 모래 한 알까지 음미했던 여행을 마치고 미지의 세계가 내 삶의 일부가 되고 나면 까마득하게 잊고 지냈던 자기 자신을 찾은 듯 먹먹하고 묘한 기분이 든다.

여행 내내 시간이 아까울 정도로 환상적인 경험을 했다면 분명 그 여행은 성공이다. 여행 중 머릿속에 남는 순간은 어느 때였을까? 몸의 세포 온전히 몰입되어 행복감이 극에 달했던 여행지에서의 마지막 순간이 손에 꼽힐 것이다.

여행은 이곳과는 확연히 다른 공기를 마셨던 바로 그 여행지와 지금 이 순간을 타임머신처럼 이어주기 때문에 가능하다. 그래서 마음이 벌거숭이가 되었던 아름다웠던 추억도 소환할 수 있는 것이다.

여행에서 돌아온 후에도 계속해서 행복감과 만족감을 가슴속 깊이 새길 수 있었는가?

그렇다면 그것은 여행자가 행복한 여행을 영위했다는 증거다. 자신의 목표가 행복한 여행이었으면 여행을 통해 인생을 풍성하게 만들고 그 깊이를 더해주었다는 확신이 들게 된다. 그러나 대부분의 여행자들이 느꼈던 여행지에서의 단상들은 자석처럼 강력하게 빨아들이는 일상의 힘에 못 이겨 결국 모래알처럼 희미하게 여기저기 흩뿌려지게 된다.

그래서 생생한 여행의 여운을 이어가고 싶을 때는 여행 사진이나 기록을 뒤적이거나 기념품 등을 만지작거리면서 당시의 여행 경험을 떠올린다. 이때 사람의 기억은 불가사의한 힘을 발휘한다.

달콤한 커피 향 같은 당시 추억을 떠올릴 수 있어 시간을 거꾸로 거슬러 과거로 되돌아갈 수 있으니 말이다.

대부분 여행자들은 여행지 풍경만 보기위해 그 비싼 여행경비를 지불하지 않는다. 그곳에서 신이 인간에게 내린 자연을 보며 마음의 평화를 통한 힐링을 동시에 만끽하려고 한다.

더 나아가 여행이라는 직접 경험을 통해 얻은 삶에 대한 새로운 동기 부여와 풍성한 인생에 대한 감사까지 느끼게 된다.

좋은 여행이란 그 자체로 삶의 의미와 보람을 느끼게 한다. 이국적인 다양한 환경 속에서 자기 자신도 몰랐던 갑옷으로 꽁꽁 둘러싼 자아를 발견해 낸다. 더 나아가 이 시간들을 통째로 관통하는, 인생을 움직이는 가장 원초적인 동기인 삶의 의미를 내면으로부터 끄집어내는 직관을 갖게 만든다.

여행할 때마다 수없이 자신에게 같은 질문을 던지곤 한다.

이번 여행을 하는데 있어서 진정 후회 없는 선택을 했는가, 라고 말이다.